La ZOOFILIA
en la Historia y en el Arte

última línea
de ensayo

Iván Gómez Avilés

La ZOOFILIA
en la Historia y en el Arte

última línea

Primera edición, noviembre de 2025

© Iván Gómez Avilés, 2025

© Imagen de portada: Fachada exterior del Templo de Lakshmana en Khajuraho (India). Eva Fernández del Campo

© Última línea, S.L., 2025
Juan Cortés Cortés, 3
29010 Málaga
www.ultimalinea.es
editorial@ultimalinea.es

www.facebook.com/EditorialUltimaLinea

@EdUltimaLinea

ISBN: 978-84-16159-30-7
Depósito legal: MA 1333-2025
THEMA: JBFW

Impreso en España — Unión Europea

ÍNDICE

«Una ley constante de la mitología es que todo lo que pasa entre los dioses ahí arriba es reflejo de los eventos que suceden aquí en la tierra»

«Los comportamientos de los dioses reflejan los deseos y acciones del hombre y de la mujer mortal. Es evidente que allí donde encontramos relaciones sexuales frecuentes entre animales y humanos en los mitos y en la literatura, el bestialismo sería ampliamente practicado»

Robert Graves (*Larousse Encyclopedia of Mythology*)

INTRODUCCIÓN

Durante mis estudios de Historia del Arte en la Universidad Complutense de Madrid asistí a varios cursos del profesor Ángel González García (1948-2014) entre los años 2001 y 2002 aproximadamente. El profesor González siempre se caracterizó por ofrecer una mirada diferente de la historia y del arte, proponiendo, en algunas ocasiones, temas muy sugerentes sobre los que investigar. A partir de las ideas de este profesor principalmente, aunque también de algunos otros, comencé a interesarme por el estudio de temas alternativos o menos conocidos de la historia. Es así como empecé a publicar sobre la relación entre el esoterismo y el arte moderno, tema que sugirió González en el aula argumentando que era una línea poco tratada en nuestro país.

El tema de la publicación que nos ocupa, la zoofilia, también fue sugerido en el aula por el profesor González. Este comentó que había visto, en los fondos de algunos museos de arte antiguo italianos, diferentes representaciones en el arte romano que tematizaban estas prácticas sexuales. La principal diferencia entre el arte griego y el romano es que la zoofilia se suele representar en el primero mediante temas relacionados con la mitología, mientras que en el segundo también podemos encontrar temáticas de zoofilia en contextos cotidianos. Por otro lado, el componente de sadismo con relación al bestialismo que veremos en la cultura romana, sobre todo en los espectáculos circenses, no está presente en la cultura griega.

La zoofilia se ha practicado en todas las épocas y lugares del mundo, tanto en contextos primitivos como modernos, tanto en el medio rural como en el urbano y también tuvo diferentes intenciones. En ocasiones estas prácticas no tuvieron un propósito meramente sexual, sino que pudieron estar asociadas a rituales de fertilidad, propiciación de la caza, dominación de la especie animal, apropiación de cualidades mágicas de los animales o de su fortaleza, etc. Algunas fuentes mencionan que en ocasiones la zoofilia se practicaba como cura de diferentes enfermedades o para aumentar la virilidad y el tamaño del pene[1]. En las páginas de este libro vamos a hablar de zoofilia en numerosas culturas y épocas como, por ejemplo, Oriente, Egipto, India, Grecia, Roma, Edad Media y Moderna y también en épocas más recientes, entre otras.

En esta publicación utilizaremos el término 'zoofilia', acuñado por vez primera por el psiquiatra Richard von Krafft-Ebin en su obra *Psychopathia sexualis* (1886), para referirnos genéricamente a este tipo de prácticas sexuales. Por ello, antes de profundizar en el tema sería interesante desambiguar los términos principales que se utilizan en este ámbito de investigación: zoofilia, zoosexualidad, zooerastia, zoolagnia, bestialismo, zoosadismo y sodomía. Se entiende por 'zoofilia' el amor por los animales en general, aunque la RAE también incluye una segunda acepción relativa a las relaciones sexuales entre personas y animales. Los términos 'zoosexualidad' y 'zooerastia' implican necesariamente el trato sexual entre personas y animales y 'zoolagnia', término en desuso, alude a la atracción sexual de las personas por los animales. 'Bestialismo' implica exclusivamente el sexo entre personas y animales sin cabida a ningún componente afectivo, que sí está presente dentro de la denominación 'zoofilia', y 'zoosadismo' hace referencia a la excitación sexual a través del maltrato animal[2]. Por otro lado, en los procesos judiciales de la Inquisición es frecuente que los delitos de zoofilia se incluyan bajo la denominación 'sodomía', que en la época aludía a cualquier tipo de relación sexual contra

---

1   Esta creencia era frecuente en el mundo árabe. Véase Miletsky, Hani: *A history of bestiality* en Beetz 2009, p. 11.

2   Hay otras denominaciones para prácticas zoófilas aún más específicas que las mencionadas aquí. Para más información véase Love, Brenda: *Encycopledia of Unusual Sex Practices* (1992), pp. 298-303.

natura, también la homosexualidad, e incluso algunas prácticas heterosexuales consideradas inmorales. Por este motivo, es complicado encontrar todos los procesos inquisitoriales contra zoófilos de los archivos ya que, parte de ellos, se engloban bajo esta denominación en los títulos de los documentos. Finalmente, se pueden mencionar otras parafilias asociadas a la zoofilia como la entomofilia o la formicofilia. La primera implica utilizar insectos para obtener placer sexual y la segunda alude al mismo concepto pero utilizando una especie específica, la hormiga. El placer se obtiene, entre otras formas, mediante el contacto directo con animales pequeños en zonas erógenas del cuerpo.

Tanto por su extensión como por la exposición de los datos, el presente trabajo tiene un carácter divulgativo. En lengua española no son tantas las fuentes que tratan la zoofilia desde un punto de vista histórico, cultural o artístico, ya que la mayoría de obras encontradas en nuestro idioma, sin incluir los artículos de investigación, suelen ser textos sobre zoofilia en contextos relacionados con el derecho y la psiquiatría.

Finalmente, advierto al lector que aunque algunos casos son muy pintorescos y curiosos, también hay otros realmente duros, como la explotación sexual de animales en los denominados *Burdeles de la Bestialidad* de países como Tailandia o Borneo[3]. En

---

3   El caso más curioso procede de una noticia de la BBC sobre un suceso ocurrido en un pueblo al sur de Sudán. El consejo de ancianos de la localidad había obligado a un lugareño a contraer matrimonio con una cabra, después de haber sido sorprendido por el dueño manteniendo una relación coital con esta. El hombre fue llevado al consejo de ancianos y estos le asignaron como pena que o se casaba con la cabra para limpiar el honor de la familia o era encarcelado, con lo que el acusado aceptó (véase http://news.bbc.co.uk/2/hi/africa/4748292. stm). También hay una leyenda sobre el fallecimiento a los 67 años de edad de la emperatriz rusa Catalina II, de quien se afirma que murió a consecuencia de las heridas causadas por uno de sus caballos mientras intentaba que este la penetrase (Beetz 2009, p. 7).

Borneo explotan a hembras de orangután en prostíbulos para hombres e incluso las depilan y pintan los labios[4].

1. Estado de la cuestión

Como acabamos de mencionar, la mayoría de fuentes encontradas sobre el tema en castellano, pertenecen al ámbito de la psiquiatría y el derecho. Para esta investigación, hemos acudido principalmente a fuentes publicadas en inglés y, en menor parte, en otros idiomas como el francés, el alemán o el castellano.

A continuación vamos a comentar brevemente las principales fuentes consultadas para que los lectores tengan una idea del procedimiento utilizado para la investigación.

En el libro editado por Andrea M. Beetz y Anthony L. Podberscek, *Bestiality and Zoophilia: Sexual Relations with Animals* (2009), hemos encontrado citadas gran número de fuentes sobre el tema que han facilitado enormemente el proceso de documentación. Este libro recoge artículos de investigación de diferentes autores; el más interesante para nuestro libro ha sido «A history of Bestiality» de Hani Miletsky. La autora expone en su artículo una breve historia de la zoofilia en la mayoría de ámbitos geográficos del mundo citando numerosos trabajos de investigación y autores que comentaremos a continuación como, por ejemplo, Rosenfeld, Dekkers, Love y Masters, entre otros. La propia Beetz tiene un libro publicado sobre el tema titulado *Bestiality and Zoophilia: A Discussion of Sexual Contacts with Animals* (2005).

Masters cuenta con dos publicaciones al respecto: *Sex-Driven People* (1966) y *Forbidden Sexual Behavior and Morality: An Objective Re-examination of Perverse Sex Practices in Different Cultures* (1966). El más interesante para nuestra investigación es

---

4   «Prostituyen a hembras de orangután: las depilan y pintan los labios». *Periodista Digital* (26/04/2014).

el citado en último lugar, ya que incluye numerosos ejemplos históricos sobre el tema en diferentes culturas y épocas de la historia de la humanidad.

Lo mismo ocurre con la obra *The Animal Lovers: Case Histories of Sexual Contact Between Man and Animals* (1967) de J. Rupert Rosenfeld, que además incluye un curioso episodio relacionado con la entomofilia citado por Havelock Ellis. El autor comenta el caso de una monja que se excitaba sexualmente desde niña cada vez que veía copular a las moscas. Después de ordenarse monja, la mujer habría presenciado casualmente una cópula entre este tipo de insectos y como consecuencia «se habría masturbado más de 400 veces»[5]. También es interesante el hecho de que el autor hable de la zoofilia en épocas más modernas. Es en esta publicación en la que hemos obtenido la información relativa a los denigrantes experimentos zoófilos del Dr. Mengele en los campos de concentración nazis, que supusieron la violación de cientos de mujeres por parte de animales. A pesar de lo impresionante de los hechos citados por Rosenfeld, hay que destacar que la información procede de testimonios proporcionados en los juicios de Núremberg por prisioneros que asistieron de primera mano a estos terribles acontecimientos. Por otro lado, Rosenfeld trata el tema de los espectáculos de sexo con animales y, entre los diferentes que cita, proporciona el testimonio de un tal Dr. Jesanka, que habría presenciado un espectáculo de sexo en vivo entre una mujer y un bulldog ofrecido a un selecto círculo de Madrid. Finalmente, el autor menciona los peligros asociados a la práctica de la zoofilia, como el caso de una chica de Indiana (verificado por el propio autor), que tuvo sexo con un perro cuyo pene se hinchó tanto que no pudo retirárselo sin intervención médica[6].

---

5   Rosenfeld 1967, p. 14.

6   Este tipo de incidentes es mencionado por varios autores como Rosenfeld 1967, p. 21 y Masters 1966 (a), p. 26 entre otros.

Otro título interesante que recoge ejemplos y anécdotas relacionadas con la zoofilia en la mitología, en el arte y en la sociedad de diferentes épocas y culturas es *Dearest Pet: On Bestiality* (2000) de Midas Dekkers. Del libro de Deekers podemos destacar, por un lado, los curiosos casos de supuestas hibridaciones entre humanos y animales (el hombre oruga, el chico cocodrilo, el hombre puercoespín, el hombre elefante, la mujer mula, etc.), por otro lado, la práctica de la zoofilia en prostíbulos, su representación en la mitología de diferentes culturas, su narración en la literatura y la superstición asociada a ella como cura de enfermedades, aumento de la virilidad, etc. Con respecto a las supuestas hibridaciones, que en realidad se trataba de personas poco agraciadas con cierto parecido a algunos animales, hay que destacar que muchas de ellas se ganaban la vida exponiendo su fealdad o deformación en circos. Dekkers menciona el caso del hombre elefante, que escribió una autobiografía relatando su difícil vida[7].

La práctica de la zoofilia es un tema complejo y hay infinidad de términos específicos al margen de los frecuentemente utilizados como zoofilia, bestialismo, zooerastia, etc. Una obra interesante para profundizar en terminología específica relacionada con las prácticas zoófilas es *Encycopledia of Unusual Sex Practices* (1992) de Brenda Love. La obra de Love está planteada en forma de diccionario, con lo que es de gran utilidad para obtener información rápida sobre prácticas sexuales poco ortodoxas. Su apartado sobre zoofilia está muy bien resumido y sintetizado y recoge aspectos muy interesantes. La autora recoge diferente terminología relacionada con la zoofilia como: androzoon, ginezoon, avisodomía, felching, formicofilia, ofidicismo, cinofilia y pseudozofilia entre otros. Un androzoon es un animal macho entrenado para copular con mujeres y ginezoon un animal hembra entrenado para copular con hombres. Por avisodomía se entiende la práctica sexual entre personas y aves. Felching alude a

---

7   Dekkers 2000, pp. 82-83.

la introducción de animales pequeños, especialmente roedores y peces, en la vagina o el ano para obtener placer sexual mediante los movimientos o espasmos de sus pequeños cuerpos. La entomofilia fue practicada por la emperatriz Cleopatra. Como hemos mencionado, esta práctica implica la utilización de insectos para la obtención de placer sexual. En el ofidismo se utilizan serpientes para la obtención de placer sexual y fue una práctica realizada principalmente para satisfacer a mujeres mediante la introducción del animal en la vagina o bien entrenándolos para lamer pezones y otras partes del cuerpo. La cinofilia alude a la preferencia sexual por perros y finalmente Love cita la pseudozoofilia, que no implicaría la práctica sexual con animales sino la fabulación de que una de las partes de una relación sexual es un animal. Como veremos posteriormente, Nerón practicaba la pseudozoofilia en los banquetes de Tigelino. Para finalizar con el análisis de la obra de Love, es interesante mencionar la entrada del diccionario relacionada con los ritos de fertilidad[8]. Love menciona que los ritos de fertilidad están presentes en casi todas las culturas y eran de tres tipos: propiciatorios de la fertilidad de las cosechas, de los animales y de las mujeres, en las que residía la responsabilidad de la procreación. La autora habla de las prácticas relacionadas con la zoofilia en el antiguo Egipto en este contexto y describe con detalle los ritos de fertilidad del Templo de Mendes. Los egipcios de esta ciudad consideraban a las cabras animales sagrados y capaces de aumentar la virilidad y fertilidad. Las cabras vivían en el templo y, durante la celebración de los ritos de fertilidad, los sacerdotes las soltaban para que los participantes fuesen detrás de ellas para intentar tocarlas y besarlas. Tal y como relata Heródoto, algunos conseguían llegar a copular con ellas. Con relación a la India, Love relata un ritual de fertilidad en el que una mujer yacía con un caballo sacrificado debajo de una sábana opaca mientras realizaba actos sexuales con él para simbolizar la transmisión a la mujer de su gran poder de fertilidad.

---

8   Love 1992, p. 107 «Fertility Rites».

El rito del caballo es narrado aún con más profundidad por Karlheinz Deschner en *Historia Sexual del Cristianismo* (1989), demostrando además que no fue una práctica exclusiva de la India. Según el autor, en la cultura celta había un rito de hierás gámos en el que el futuro rey tenía comercio sexual con una yegua, probablemente para obtener simbólicamente la fuerza del animal. La práctica también estaría presente en la cultura romana, concretamente en el equus october, en el mito de Völsi del norte germánico y, especialmente en el asva-medha indio, rito al que se refiere Brenda Love en su diccionario, en el que se produciría un coito simbólico entre la mujer principal del rey y un caballo estrangulado al que se había criado y encelado cuidadosamente; según Deschner el objetivo era propiciar la totalidad de la vida sexual y la vegetación[9]. Como veremos posteriormente, el autor trata el polémico tema de la práctica de la zoofilia en los conventos como vía de liberación sexual de frailes y monjas. Este asunto también es mencionado por Max Bauer en su libro *Das Geschlechtsleben in der deutschen Vergangenheit* (aprox. 1920) y por Eric Frattini en *Los papas y el sexo* (2015)[10].

Con relación a publicaciones específicas sobre la zoofilia en la cultura griega podemos destacar el libro *Zoophilie, homosexualité, rites de passage et initiation masculine dans la Grèce contemporaine* (1994) de Marie-Christine Anest y las investigaciones de Annetta Alexandridis, editora junto a Markus Wild y Lorenz Winkler-Horaček de un libro sobre el tema publicado en alemán con el título *Mensch und Tier in der Antike: Grenzziehung und Grenzüberschreitung* (2008).

También en alemán, pero esta vez con relación a la sexualidad en la cultura romana, podemos citar la obra *Erotik in der römischen Kunst* (1997) de Angelika Dierichs. Aunque se centra en el arte erótico entre personas, también hace referencia a algunos restos arqueológicos relacionados con la práctica de la zoofilia.

---

9   Deschner 1989, pp. 41-42.

10   Bauer 1920, pp. 74-88 y Frattini 2015, pp. 43, 79, 133 y 139.

El trabajo es realmente minucioso y quizás lo más interesante es el apartado sobre las representaciones pornográficas con relación a los burdeles en Pompeya y Herculano, ubicadas en el *Gabinetto Segreto* del Museo Arqueológico de Nápoles.

En castellano podemos citar dos obras muy interesantes que tratan el tema de la zoofilia en la Edad Media y en el arte románico, aunque no de forma monográfica: se trata de *La lujuria en la iconografía románica* (2016), de Jesús Herrero Marcos, y un libro en el que participan varios autores titulado *Arte y sexualidad en los siglos del románico: imágenes y contextos* (2018). También en castellano es interesante destacar la tesis doctoral *Imagen y palabra: Los pecados más frecuentes en la iconografía de Castilla medieval. Siglos XI a XV* (2016), de Faustina Vila-Belda Martí, que, como veremos, cita numerosos ejemplos de representaciones relacionadas con la zoofilia en el arte románico español.

Con relación a la representación de la zoofilia en el arte de la prehistoria cabe destacar el artículo «Zoofilia, alianzas sexuales con diosas y occisiones de jefes: Escenas singulares en el arte rupestre postpaleolítico español» (2004), de Juan Francisco Jordán Montés. En su libro *The Cambridge Illustrated History of Prehistoric Art* (1998), Paul G. Bahn trata la práctica de la zoofilia en las culturas prehistóricas y apunta posibles interpretaciones literales y simbólicas del arte rupestre. Como su propio título indica, en *The Prehistory of Sex: Four Million Years of Human Sexual Culture* (1997) Timothy Taylor habla de la evolución de la sexualidad desde hace cuatro millones de años hasta la actualidad, incluyendo también el tema de la zoofilia o bestialismo en el marco de ritos de fecundidad y propiciatorios de la caza. Sin adentrarse específicamente en el tema de la zoofilia, pero haciendo hincapié en el posible carácter ritual, mágico y simbólico del arte prehistórico se pueden destacar *Los orígenes chamánicos del arte* (2018), de Roger Ferrer Ventosa, y *Las religiones de la Prehistoria* (1994), de André Leroi-Gourhan. Este último es un trabajo muy bien razonado que recoge numerosas teorías sobre el arte rupestre en tono muy escéptico. Finalmente cabe destacar una obra muy interesante por el método de investigación y razonamiento que utiliza. Se trata de *Los dioses de la Prehistoria* de Johannes Maringer (1962). Lo interesante de este libro es que el autor razona sus afirmaciones y teorías con relación a la cultura y arte prehistóricos utilizando lo que podríamos denominar como 'antropología o etnología comparada', es decir, el autor establece paralelismos entre las costumbres y rituales de algunas tribus de la actualidad y las tribus prehistóricas y, de hecho, encuentra similitudes razonables que contribuyen a arrojar luz sobre las diferentes interpretaciones del arte rupestre prehistórico. Uno de estos paralelismos que el autor cita para explicar el posible carácter cinegético-mágico del arte rupestre, es decir, de la representación de escenas de batidas para propiciar la caza, es la costumbre de algunos pueblos circumpolares, como lapones y esquimales, de realizar dibujos de animales antes de salir a cazar. La etnógrafa Frederika de Laguna describe en 1933 su experiencia en el islote de Cook y el archipiélago de Kodiak, ambos en Alaska, en los que presenció arte con escenas de caza muy similares a las del hombre prehistórico. Al preguntar a los aborígenes sobre las pinturas, estos le dijeron que fueron realizadas por los hechiceros de la tribu para propiciar la caza, una prueba clara del carácter chamánico-mágico de este tipo de representaciones[11].

El egiptólogo portugués João Camacho ha puesto a mi disposición las Actas del *Congresso Internacional para Jovens Egiptólogos* celebrado en 2006 en Lisboa, que trató el tema *Erotismo e Sexualidade no Antigo Egipto*. Entre las numerosas aportaciones de diferentes investigadores, encontramos algunas que tratan el tema de la zoofilia en el antiguo Egipto, como, por ejemplo: *Les 'perversions' sexuelles à l´ancienne Égypte* de José Miguel Parra Ortiz (Universidad Complutense de Madrid), *Eroticism and Sensuality in Papyrus Westcar* de Telo Ferreira Canhão (Universidad de Lisboa) y *Sexual Taboos and Priestly Functions in Ancient Egypt* de Musso Petacchi. El ensayo que contiene más

---

11   Maringer 1962, p. 190.

información sobre la práctica de la zoofilia en el antiguo Egipto es el de José Miguel Parra Ortiz. Este egiptólogo español comenta ejemplos de zoofilia de los *Libros de los Sueños* faraónicos, como también hace Ferreira Canhão, y menciona un ejemplo de zoofilia con relación a los dioses egipcios en el que Isis se transforma en pájaro antes de ser fecundada por el pene regenerado y en erección de su esposo muerto Osiris y finalmente relata un ejemplo de maldición relacionado con la zoofilia: en una inscripción del templo funerario de Tutmosis III en Deir el-Bahari se puede leer «Una mula te violará, una mula violará a tu mujer»[12]. Ferreira Canhão menciona la zoofilia en una nota al pie de página haciendo referencia a Heródoto, el cual no solo cita ejemplos de prácticas zoófilas en Egipto con relación a cultos rituales en Mendes, sino que también informa de la práctica de la necrofilia, que era realizada por los embalsamadores, especialmente en fallecimientos de mujeres jóvenes. Según Heródoto, estas mujeres especialmente atractivas no eran enviadas inmediatamente a embalsamar, sino que se dejaban reposar sus cuerpos durante unos días para evitar que los embalsamadores los profanasen. Ferreira Canhão también explica los rituales del toro de Apis, obteniendo los datos en la obra *Sexual Life in Ancient Egypt* (2002), de Lise Manniche, y afirma que en el propio *Libro de los Sueños* egipcio se mencionan al menos dos ejemplos de relaciones entre humanos y animales[13]. Musso Petacchi no trata el tema de la zoofilia en sí mismo, pero sí un tema interesante relacionado como es el de la zoomorfia (o representación con rasgos de animales) de muchos de los dioses egipcios. Como veremos posteriormente, algunas de las principales deidades egipcias son híbridos entre humano y animal: Horus, Ra, Anubis, Seth, Thot, etc. Pero la

---

[12]   Este tipo de maldiciones iban dirigidas, como toda probabilidad, a los posibles saqueadores de tumbas. Con relación a José Miguel Parra Ortiz véase AA. VV 2009, p. 270-71.

[13]   Manniche 2002, p. 28 y pp. 100-102. Con respecto al *Libro de los Sueños* véase *Papyrus Chester Beatty III recto or BM 10683*, aprox. 1175 a.C., y *Papyrus Carlsberg XIII*, II a.C. (ambos citados por Ferreira Canhão en AA. VV 2009, p. 567-8).

zoomorfia no solo la vamos a encontrar en la cultura egipcia, sino en muchas otras. En la cultura griega, y por asimilación también en la cultura romana, los ejemplos de zoomorfia no tienen tanto que ver con dioses sino con seres mitológicos secundarios como centauros, sátiros, sirenas, harpías, etc. En el caso de los dioses griegos y romanos es más correcto el término teriomorfismo, ya que este implica una transformación del dios en animal para copular con otro personaje. En la India algunos dioses son representados con rasgos animales como Ganesha (con cabeza de elefante) o Hanuman (con rostro de simio). Sin embargo, no hay que irse a culturas lejanas; en el propio cristianismo se describe la existencia de ángeles, seres antropomorfos que disponen de alas.

Otro libro interesante en francés sobre la historia de la zoofilia en diferentes épocas es *Le Musée de la Bestialité* (1973), de Roland Villeneuve, en el que se recogen curiosas historias sobre hibridación entre personas y animales, ejemplos de representaciones zoófilas en la mitología, en el arte, el cine y la literatura y se comentan procesos judiciales en Francia contra zoófilos y animales.

Finalmente, se pueden citar otras aportaciones interesantes como, por ejemplo, *Sex or Symbol? - Erotic Images of Greece and Rome* (1999), de Catherine Johns, o *Modalidades amatorias (sexuales) en la obra de Hesíodo* (2004), de Germán Santana Henríquez, todas ellas citadas en la bibliografía junto a otros títulos.

2. Consideraciones legales sobre la zoofilia: del código de Hammurabi hasta los códigos penales modernos

El marco legal con respecto a la zoofilia ha sido muy cambiante en función de la época y la cultura. Desde la prehistoria hay testimonios en la pintura rupestre y petroglifos tanto en cuevas como en exteriores con representaciones sobre el tema. En las grandes culturas antiguas como Grecia y Roma, la zoofilia se practicaba y estaba permitida; en Roma se ejercía incluso en algunos prostíbulos y en espectáculos circenses. En la antigua Babilonia también se practicaba, aunque el Código de Hammurabi (1955-1913 a.C.) dictaminaba la pena de muerte para cualquier persona que fuese sorprendida en esta actividad. A pesar de este hecho, parece ser que la zoofilia estaba permitida en los rituales de fertilidad de la primavera. En la cultura hitita se especificaba qué tipo de animales estaban prohibidos para las prácticas zoófilas y cuáles no. El Código de Nesilim o Ley Hitita (1650-1500 a.C.) decía lo siguiente:

«Si un hombre yace con una vaca será condenado a muerte.

Si un hombre yace con un cerdo o con un perro será condenado a muerte.

Si un toro monta detrás de un hombre, el toro deberá morir pero no el hombre.

Si un jabalí monta detrás de un hombre, no hay pena.

Si un hombre yace con un caballo o con una mula no hay pena, pero este no tendrá permitido acercase al rey y no podrá ejercer el sacerdocio»[14].

---

14   Masters 1966(a), p. 33.

Hombre copulando con una mula. Persia.

Wikimedia https://commons.wikimedia.org/wiki/Category:Zoophilia_in_art#/media/File:Persian_bestiality_miniature.jpg

La práctica de la zoofilia se complica aún más en las sociedades judías y cristianas. La zoofilia se consideraba una actividad contra natura y una ofensa ante Dios, con lo que se penaba con la muerte. En la Biblia ya encontramos manifestaciones al respecto: *«No te unirás con bestia haciéndote impuro con ella. La mujer no se pondrá ante una bestia para unirse a ella; es una infamia»* (Levítico 18.23), *«Si alguno se ayunta con un animal, ciertamente se le dará muerte; también mataréis al animal»* (Levítico 20:15, 16) y *«A cualquiera que se eche con un animal, ciertamente se le dará muerte»* (Éxodo 22:19)[15]. Posteriormente, el primer Sínodo de Ancira (313-316) también discutirá sobre la posición de la Iglesia con respecto a la zoofilia, siendo prohibida expresamente en su canon 16. Las penas eran superiores en hombres casados y estas aumentaban cuanto más edad tuviese el reo. Zacarías, papa número 91 de la Iglesia católica (741-752), condenó la zoofilia equiparándola en gravedad a las relaciones sexuales con judíos[16]. Es curioso que en los procesos judiciales cristianos contra la zoofilia generalmente se condenara a muerte tanto al reo como al animal y ambos so-

---

15   Otras referencias en Deuteronomio 27:21, Levítico 18: 22-24 y Levítico 20:16.

16   Frattini 2015, p. 79.

lían ser quemados en la hoguera. El motivo de sacrificar al animal era no dejar rastro de un acto tan abominable.

En el Archivo Histórico Nacional, sección Consejo de Inquisición, figuran numerosos procesos judiciales de bestialismo cometidos entre los siglos XVI y XVIII. A pesar de la dureza manifestada por la Iglesia católica con respecto a la zoofilia o al bestialismo, al buscar en los archivos encontramos a miembros implicados en las filas de esta institución. En el documento *Relación de causas de fe y procesos criminales del Tribunal de la Inquisición de Barcelona vistos en 1662* encontramos a un clérigo procesado por bestialismo llamado Fray Miguel Catellot. Pero también había monjas implicadas; el documento fechado en 1775 y titulado *Alegación fiscal del proceso de fe de Sor Juana de San Bernardo Matos, originaria de Las Palmas de Gran Canaria, seguido en el Tribunal de la Inquisición de Canarias, por herejía, apostasía, etc.,* revela como la rea llegó a confesar haber hecho un pacto con el diablo escrito y firmado con su propia sangre y que este le llegó a facilitar, además de acceso carnal con él mismo, también «acceso carnal con un mulo»[17].

En su libro *Los papas y el sexo* (2015), Eric Frattini menciona que la zoofilia fue practicada por algunos papas. En el año 378, los detractores del papa Dámaso I le acusaron de haber cometido bestialismo con una cabra y un sínodo formado por 44 obispos estuvo a punto de deponerlo y condenarlo, pero fue exonerado por el emperador, perdonado por los obispos e incluso llegaría a ser canonizado posteriormente[18]. No fue el único pontífice sobre el que fueron lanzados rumores de este tipo; entre las muchas aberraciones de las que se acusó al papa Benedicto IX (1012-1056) figura la sodomización de animales[19]. Frattini también comenta el caso del abad Eugenius de Brest, que habría sodomiza-

---

17   Véase los documentos ES.28079.AHN/1.1.11.4.21.1.3//INQUISI-CIÓN, L.734, N.28 (Fray Miguel Catellot) y ES.28079.AHN/1.1.11.6.1.1//IN-QUISICIÓN, 3735, Exp. 37 (Sor Juana de San Bernardo Matos).

18   Frattini 2015, p. 43.

19   Frattini 2015, p. 133.

do a varios centenares de mujeres y habría fallecido de un infarto mientras practicaba sexo con una gallina[20].

Finalmente encontramos otro dato interesante con relación a la práctica de la zoofilia en el ámbito eclesiástico. Karlheiz Deschner menciona en su libro *Historia sexual del cristianismo* (1989):

> *«Los monjes fornicaban incluso con seres que en el cristianismo no estaban bien vistos. Así, cuando, a comienzos del siglo IX, y a causa de los continuos escándalos, se suprimieron los monasterios mixtos en Europa oriental [...], el abad Platón, con admirable coherencia, expulsó también del área de su monasterio a todos los animales hembras. Hasta San Francisco, amigo de los animales, se vio obligado en su segunda regla a prohibir a todos los hermanos, tanto clérigos como laicos, que tuvieran un animal, ellos mismos o en casa de otros o por cualquier otro medio. Y en el siglo XIV el gran maestre de la Orden Teutónica, Conrado de Jungingen, volvió a prohibir cualquier clase de animal hembra en la casa de la Orden de Marienburg»[21].*

En el país vecino es conocido el caso de la joven francesa Claudine de Culam (1585-1601), que fue sentenciada a la horca y quemada viva a los 16 años de edad junto a su perro, con el que tuvo relaciones sexuales desde que era niña.

El autor francés Roland Villeneuve incluye en su libro *Le Musée de la Bestialité* (1973) 18 sentencias reales por bestialismo en Francia. En ninguna de ellas figura el término bestialismo, sino sodomía más el nombre de la especie animal con la que se habría producido el delito, por ejemplo: *«Proceso criminal de Jacques Prenault. Acusado del crimen de sodomía con una cabra»[22].*

La prohibición de esta práctica y su condena a fuertes penas, en algunas ocasiones incluso a la pena capital, va a ser la tónica dominante en Europa durante toda la Edad Media y Moderna hasta llegar a la Ilustración y la Revolución francesa, época en la

---

20   El abad prefería el sexo anal para evitar los embarazos y no comprometer así su situación. Frattini 2015, p. 139.

21   Deschner 1989, p. 137 y Bauer 1920, pp. 74-88.

22   Villeneuve 1973, pp. 127-165.

que se condenaba únicamente con penas moderadas de cárcel[23]. A partir de la Ilustración, las legislaciones van a ir despenalizando paulatinamente la zoofilia hasta las primeras décadas del siglo XXI, cuando la mayoría de los códigos penales europeos volvieron a ilegalizarla en el marco de la legislación de protección animal.

A fecha de 2015, los únicos países de la UE que la permiten son Finlandia, Hungría y Rumanía[24]. Como veremos a continuación, algunas de las legislaciones que la prohíben son ambiguas y presentan vacíos legales:

En España fue prohibida en 2015 por el artículo 337.1 del Código Penal:

«Será castigado con la pena de tres meses y un día a un año de prisión e inhabilitación especial de un año y un día a tres años para el ejercicio de profesión, oficio o comercio que tenga relación con los animales y para la tenencia de animales, el que por cualquier medio o procedimiento maltrate injustificadamente, causándole lesiones que menoscaben gravemente su salud o sometiéndole a explotación sexual, a

a) un animal doméstico o amansado,

b) un animal de los que habitualmente están domesticados,

c) un animal que temporal o permanentemente vive bajo control humano, o

d) cualquier animal que no viva en estado salvaje».

En Alemania fue prohibida en 2013 con una multa que puede llegar a los 25.000€:

«Die Verfassungsbeschwerde richtet sich gegen den am 13. Juli 2013 in Kraft getretenen § 3 Satz 1 Nr. 13 TierSchG (BGBl I S. 2182), wonach es verboten ist, ein Tier für eigene sexuelle Handlungen zu nutzen oder für sexuelle Handlungen Dritter abzurichten oder zur Verfügung

---

23   El Nuevo Código Penal de 1791, presentado por Louis-Michel Le Peletier de Saint-Fargeau en la Asamblea Nacional Constituyente francesa, ni siquiera mencionaba la zoofilia.

24   Véase «Denmark passes law to ban bestiality – BBC News»: http://www.bbc.co.uk/newsbeat/article/32411241/denmark-passes-law-to-ban-bestiality

zu stellen und dadurch zu artwidrigem Verhalten zu zwingen. Verstö-
ße können nach § 18 Abs. 1 Nr. 1, Abs. 4 TierSchG als Ordnungs-
widrigkeit mit einer Geldbuße bis zu fünfundzwanzigtausend Euro
geahndet werden».

Sin embargo, en 2015 se incluyó una reforma muy ambigua de
la ley permitiendo esta práctica si el animal no es forzado:

«Jedoch greift der Tatbestand des § 3 Satz 1 Nr. 13 TierSchG nur,
wenn das Tier zu einem artwidrigen Verhalten gezwungen wird».[25]

En EEUU la legislación varía entre los diferentes Estados con
tres categorías de criminalidad: no penalizado, delito menor y
delito grave.

Finalmente, es digna de mencionar la legislación al respecto
en el Líbano. En este país se permite a los hombres mantener relaciones sexuales con animales de forma legal, siempre y cuando
sean hembras. De lo contrario, el acto está duramente castigado
porque es visto como una práctica homosexual.

3. Consideraciones médicas y sociológicas sobre la zoofilia

Además de ser una práctica ilegal en la mayoría de países europeos en la actualidad, la zoofilia está considerada como una parafilia desde el punto de vista psiquiátrico, es decir, un compor-
tamiento sexual atípico. El *Manual de diagnóstico y estadística de
los trastornos mentales de la asociación Psiquiátrica Americana*,
conocido con el nombre de DSM-IV, la incluye como parafilia no
especificada, pero añade que para que este tipo de parafilias se
consideren un trastorno mental deben causar daño a una tercera
parte o deteriorar la vida del sujeto que la practique.

Las causas de la zoofilia son realmente diversas. En un primer
momento, la mayoría de personas piensan en la soledad, la ausen-

---

25   Véase «Beschluss vom 8. Dezember 2015 - Pressemitteilung - Nr.
11/2016 vom 18. Februar 2016»: https://www.bundesverfassungsgericht.de/e/
rk20151208_1bvr186414.html

cia de pareja, la torpeza en las relaciones sociales o el aislamiento como las causas principales para que se produzcan relaciones sexuales entre personas y animales. Sin embargo, al estudiar este tema más en profundidad, apreciamos que hay innumerables contextos distintos al anteriormente descrito.

A pesar de ser una práctica considerada por muchos como degradante y que genera mofa y gran rechazo social, casi al mismo nivel que la pedofilia, muchas de las personas que la practican son felices con ello y no tienen intención de abandonar este hábito. Algunos manifiestan abiertamente su tendencia, pero muchos otros la ocultan por miedo al rechazo. Muchos tienen incluso pareja no animal, con lo que el argumento de la soledad o imposibilidad para relacionarse no es válido en este caso[26].

Los detractores argumentan que los animales no tienen capacidad racional ni de decisión, con lo que toda práctica zoófila es un claro abuso sexual. Los defensores manifiestan que los animales son más cariñosos que muchas personas, que no sufren con las prácticas zoófilas si se les trata adecuadamente y que, en muchas ocasiones, participan activamente e incluso disfrutan con ello[27]. Otros piensan que los animales no disfrutan y que simplemente se les ha entrenado para realizar estas prácticas y que este es el motivo de su supuesta participación 'voluntaria'. Con relación a si los animales participan 'voluntariamente', los defensores argumentan que hay otras actividades mucho más dañinas para los animales, como la explotación para la industria alimenticia, la

---

26   Los estudios de Hani Miletski realizados a 82 hombres y 11 mujeres, revelaron que el 26% de los hombres y 9% de las mujeres estaban casados mientras que mantenían relaciones sexuales con animales.

27   Es lo que se denomina como bestialismo inverso, es decir, la atracción por humanos en animales. Dekkers menciona algunos ejemplos relacionados con simios comentados por Robert Mearns Yerkes y David Hamilton. En *The Mind of the Gorilla*, Yerkes relata cómo una gorila llamada Congo trató de seducirle frotando sus genitales contra sus pies e intentando que se echase encima de ella, mientras que Hamilton describe en *The Monkey Gland Affair* cómo algunos macacos hembra mueven sus labios de forma insinuante cuando hay hombres cerca como invitación sexual (Dekkers 2000, pp. 64-65).

caza o los experimentos de laboratorio, en las que no se cuestiona el consentimiento o sufrimiento del animal. En resumidas cuentas, para los defensores de estas prácticas la zoofilia parece ser una orientación sexual totalmente legítima, mientras que los detractores la consideran una práctica aberrante e incluso una enfermedad mental.

Son varios los estudios estadísticos, además de los ya citados de Miletski y Rosenfeld, que han intentado arrojar luz sobre la prevalencia de la zoofilia en la sociedad. El más citado, y uno de los primeros, fue el de Alfred C. Kinsey, realizado entre los años 1948 y 1953. En él participaron 8.000 hombres y 12.000 mujeres estadounidenses y los resultados fueron reveladores: un 3,5% de las mujeres y un 8% de los hombres reconocían haber tenido contactos sexuales con animales. En el ámbito rural, con mayor acceso a los animales, el 17% de los hombres confesaba haber tenido relaciones con animales de adulto; por el contrario, en zonas urbanas la cifra descendía hasta el 4%. La estadística aumentaba considerablemente entre los adolescentes del ámbito rural: entre el 40% y el 50% de los adolescentes residentes en granjas de Estados Unidos había tenido sexo con animales, llegando al 65% en algunas comunidades[28]. Hay que tener en cuenta que el estudio es de los años 50, época en que la actitud con relación al sexo era más conservadora que la actual, con lo que para un adolescente era más complicado iniciarse en el sexo con personas que en la actualidad. La mayoría de estudios concluye que la práctica de la zoofilia se reduce considerablemente después de la adolescencia. Títulos como *Zoophilie, homosexualité, rites de passage et initiation masculine dans la Grèce contemporaine*, de Marie-Christine Anest, hablan precisamente de la importante prevalencia estadística de la zoofilia en varones adolescentes en el medio rural en el contexto de los ritos de iniciación sexual. El tema de los ritos de paso sexuales de la adolescencia a la vida adulta lo vemos en la película *El sacerdote*, de Eloy de la Iglesia (1978), a través de un

---

28   Beetz 2009, p. 26 y 48 y Masters 1966(a), p. 27.

flashback en el que el sacerdote aparece de adolescente junto a unos amigos que tienen relaciones sexuales con unos patos.

En español podemos citar el estudio *Revisión de casos, series de casos y estudios de prevalencia de zoofilia en la población general* realizado en Colombia por Adalberto Campo-Arias, Edwin Herazo y Guillermo A. Ceballos-Ospino. El estudio incluyó a más de 1.000 participantes e informó de una prevalencia de comportamientos zoófilos del 2%.

LA ZOOFILIA EN LA MITOLOGÍA, EN LA HISTORIA Y EN EL ARTE: UN RECORRIDO POR DIFERENTES CULTURAS Y CONTEXTOS

La abundancia de representaciones relacionadas con la práctica de la zoofilia en todas las épocas y lugares del mundo no dejan espacio para la duda: el sexo con animales ha estado presente desde tiempos inmemoriales en todas las culturas. Sin embargo, antes de entrar a hablar sobre el tema en profundidad, es conveniente mencionar que no todas las representaciones relacionadas con la zoofilia tienen necesariamente un carácter sexual. Algunos autores otorgan a las representaciones de sexo entre personas y animales exclusivamente un carácter sexual, sin considerar factores como las ceremonias rituales, de fertilidad o de carácter mágico y religioso. Otros estudios más elaborados consideran también dichos factores. En este apartado hemos hecho una selección de los periodos más relevantes de la historia, obviando muchas culturas en las que también se practicaba la zoofilia: Oceanía, esquimales, indios americanos del norte, América precolombina, África, otras zonas de Asia al margen de la India, etc.[29] Como hemos mencionado, para la investigación hemos acudido principalmente al ensayo *A History of Bestiality* de Hani Miletsky, disponible en el libro editado por Andrea M. Beetz y Anthony L. Podberscek *Bestiality and Zoophilia: Sexual Relations with Animals*. A

Sobre la zoofilia en estas culturas véase Beetz 2009, pp. 9-19.

partir de este breve texto hemos tenido conocimiento de muchos de los libros citados en la bibliografía, con lo que ha sido de gran utilidad para profundizar en la investigación.

1. Prehistoria

Prueba de la antigüedad de esta práctica es el arte rupestre prehistórico. El sexo entre personas y animales está documentado al menos desde la Cuarta Era Glacial. En la cueva de La Madelaine (Francia), se ha encontrado un hueso en forma de bastón, datado aproximadamente hace 25.000 años, que muestra a un león lamiendo lo que parece ser un pene o una vulva. Una figura rupestre aproximadamente del 8000 a.C., encontrada en Val Camonica (Italia), representa una figura humana introduciendo su pene en la vagina o ano de un asno[30].

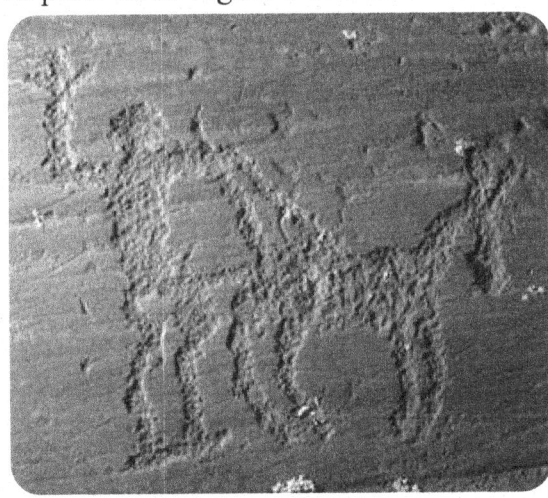

Grabado parietal. Val Camonica (Italia).

«Nuestros salidos antepasados». https://hinocinte.blogspot.com/2016/11/nuestros-salidos-antepasados.html

En Bohuslän (Suecia) se ha encontrado una imagen rupestre probablemente de la Edad de Bronce (aprox. 1000 a.C.) que representa a un hombre introduciendo su pene en la parte trasera de un cuadrúpedo[31].

---

30   Beetz 2009, pp. 1-2.

31   Dekkers 2000, pp. 15.

Pintura rupestre. Suecia. Bahn, Paul G.: *The Cambridge illustrated history of prehistoric art*, pág. 188

En Sagaholm (Suecia), se han encontrado escenas con contenidos similares datados también en la Edad de Bronce. En su ya mencionado libro *The Cambridge illustrated history of prehistoric art,* Paul G. Bahn expone múltiples ejemplos de zoofilia en el arte prehistórico, encontrados en Val Camonica, Suecia, Los Alpes y el Sahara, entre otros, y también casos no relacionados necesariamente con este periodo como, por ejemplo, las representaciones de bestialismo de la cerámica de la cultura moche, que se desarrolló entre los siglos II y V en el valle del río Moche en el Antiguo Perú. Con relación al Norte de África, Bahn manifiesta que se han encontrado restos que muestran prácticas zoófilas entre personas y animales diversos como elefantes, jirafas y rinocerontes e, incluso, imágenes de hombres eyaculando u orinando en los ojos de rinocerontes. Bahn defiende la teoría de la representación ritual, mágica o simbólica, especialmente en las representaciones de bestialismo con animales de gran envergadura e incluso peligrosos, como elefantes o rinocerontes, que podrían poner en serio peligro la integridad física de la persona. Bahn apuesta en estos casos por una representación simbólica de dominación o apropiación de la fuerza de estos animales[32].

---

32   Bahn 1998, pp. 188-89.

Escultura. Tongli Sex Museum (China).

https://www.flickr.com/photos/roonandbeks/12765177295

Ya que en la Prehistoria no hay documentación escrita, es muy difícil de determinar si estas representaciones tenían un carácter sexual real o, por el contrario, alguna intención más bien simbólica, mitológica, mágica o incluso algún propósito relacionado con ritos de fertilidad o de propiciación y dominio de la caza mediante el sometimiento sexual del animal[33]. Por otro lado, también es difícil precisar la frecuencia con la que se realizaban este tipo de prácticas. Es muy probable que la práctica de la zoofilia se generalizase con la domesticación de los animales, como indica Masters en su libro *Forbidden Sexual Behavior and Morality*[34]. La práctica de la zoofilia habría sido más dificultosa para los recolectores-cazadores nómadas, a no ser que se copulase con el animal muerto recién cazado, tal y como hacen algunas tribus de África, o inmovilizado de forma cooperativa entre varios miembros de la tribu[35]. Con respecto a este último punto, Bahn afirma en su libro que se han encontrado representaciones que muestran coitos rituales con antílopes, caprinos u otro tipo de animales muertos durante la caza[36].

---

33   En su libro *Les maisons du Val Camonica*, Raymond Christinger interpreta la representación de corte zoófilo encontrada en Val Camonica como un símbolo del poder del jefe de la tribu.

34   Masters 1966(a), p. 8.

35   Entre los yoruba de Nigeria era costumbre que el varón copulase con el primer antílope que cazase.

36   Bahn 1998, pp. 189.

Para cerrar este capítulo es interesante hacer referencia de nuevo al texto *Los orígenes chamánicos del arte* de Roger Ferrer Ventosa. El autor incide en aspectos que ya hemos comentado, como la posible intención ritual o chamánica del arte prehistórico. Ferrer Ventosa se hace eco de las diferentes teorías interpretativas del arte prehistórico como la del

- 'arte por el arte', es decir, el ejercicio artístico como mera expresión;
- la magia simpática hacia las presas; aquí se podrían incluir las representaciones de bestialismo como forma simbólica de dominación del animal y, por lo tanto, como propiciación de la caza o de la fertilidad;
- o el componente chamánico; en este caso el arte intentaría reconciliar dos mundos: el espiritual y el material o humano[37].

2. Oriente Medio e islam

En la mitología asirio-babilonia, Ishtar, diosa del amor, de la fertilidad y asociada a la sexualidad y voluptuosidad, tenía innumerables amantes: hombres, dioses y también animales[38]. Además, su culto implicaba la prostitución sagrada. Algunas repre-

---

37   Como hemos mencionado, al no existir fuentes escritas cualquier teoría interpretativa con relación al arte rupestre no deja de ser mera especulación. Todas las propuestas que comenta Ferrer Ventosa son tremendamente interesantes al igual que polémicas. Si otorgamos validez a la teoría del 'arte por el arte', estaríamos dotando al hombre prehistórico de un profundo sentido individualista y creativo o admitiendo su necesidad de expresarse, al nivel de cualquier artista de épocas posteriores. La teoría de la magia simpática para propiciar la caza tampoco puede probarse a ciencia cierta, pero parece ser una de las teorías más aceptadas y mencionadas en los libros divulgativos. Relacionada con la anterior, la explicación chamánica del arte rupestre es también muy sugestiva, ya que no solo aludiría a la creencia del hombre prehistórico en un 'mundo de los espíritus' o en una 'protorreligión', sino que también implicaría el posible origen común del arte y la religión.

38   Masters 1966(a), p. 90.

sentaciones de esta diosa presentan rasgos animales como, por ejemplo, alas y garras.

Además de la mitología, todo indica que la zoofilia era practicada en Babilonia. Ya hemos mencionado el Código de Hammurabi, que condenaba a la pena de muerte a cualquier persona que se involucrase en este tipo de actos; aunque parece ser que durante los ritos de fertilidad de la primavera se utilizaban perros y otros animales durante siete días y siete noches[39]. También hemos comentado que los hititas tenían ciertas reglas sobre los animales con los que se podía mantener este tipo de relaciones sin ser condenado.

Parece ser que la zoofilia estaba permitida en el mundo musulmán como cura a ciertas enfermedades. En su libro *Homeopathic Guide to all Diseases of the Urinary and Sexual Organs*, Wilhelm Gollmann manifiesta que los iraníes realizaban esta práctica con asnos para curar la coxalgia. Según Masters, hay también un dicho popular árabe que dice que el peregrinaje a la Meca no está completo sin copular con el camello[40].

En Al-Ándalus las leyes religiosas prohibían la fornicación con animales, pero se toleraba como remedio a algunas enfermedades venéreas. Juan Eslava Galán menciona en su obra *Historia secreta del sexo en España* un remedio prescrito por los médicos musulmanes en este territorio:

> *«Está permitido fornicar con animales hembras cuando se es víctima de la gonorrea, de fuerte inflamación del pene y de otras afecciones que no vayan acompañadas de úlceras o llagas. La experiencia ha demostrado que por obra de esta fornicación el hombre se libra del virus causante de estas enfermedades, sin que el animal pueda contraerlas, pues el virus es inmediatamente aniquilado por el gran calor que reside en la vulva del animal y por las cualidades acres y ácidas de las secreciones*

---

39   Beetz 2009, p. 2.

40   Masters 1966(a), p. 19.

mucosas [...]. Pero esta fornicación debe cesar so pena de contravenir la ley del islam, en cuanto hayáis recobrado la salud. [...]»[41].

3. Egipto

Con relación a Egipto, mucha de la información al respecto la encontramos en fuentes clásicas como Plutarco, Píndaro, Heródoto y Estrabón.

A pesar de que la zoofilia se castigaba en Egipto, era practicada en determinados contextos. En la mitología egipcia no son pocas las temáticas relacionadas con la zoofilia. La diosa Mut, asumiendo la forma de una vaca, tuvo relaciones amorosas con el dios Amón. Bast, una diosa felina, tuvo amantes hombres y fue la patrona de la fertilidad y los placeres sexuales, protegiendo a sus devotos de enfermedades venéreas. El dios Ptah inseminó a una vaquilla virgen, de cuya unión el propio dios renació en forma de toro de Apis, que residía en el templo de Ptah, donde era adorado por los sacerdotes[42]. Por otro lado, muchas de sus deidades principales son híbridos entre humano y animal (zoomorfismo): Horus (halcón), Ra (halcón con disco solar), Anubis (chacal), Seth (lebrel o galgo), Thot (ibis), etc.

Ocasionalmente también se han representado contactos sexuales entre personas y animales en las tumbas[43]. Este tipo de prácticas se han atribuido también a algunos faraones como

---

41   Eslava Galán 1996. Aunque en algunas culturas se practicase la zoofilia para curar enfermedades, algunos autores destacan que, en ocasiones, esta práctica también facilitaba la propagación de enfermedades de transmisión sexual. Dekkers destaca que el bestialismo era tan común en África que muchos veterinarios afirman que el origen de la durina, un tipo de sífilis que afecta a asnos y caballos, fue originado por este tipo de prácticas sexuales (véase Dekkers 2000, p. 130). El origen del VIH tampoco está del todo claro. Algunos estudios afirman que la enfermedad habría pasado de los simios a los humanos, aunque no está probada la causa.

42   Masters 1966(a), pp. 89-90.

43   Holoyda 2014, p. 412.

Keops (3733 a.C.). Rosenfeld cita a Esquilo como fuente de las prácticas zoófilas del faraón: *«[Keops] vivió por el placer de la construcción y de la carne y no había agujero trasero, ya fuese de persona o bestia, masculino o femenino, que estuviese a salvo de su embestida»*[44].

Uno de los relatos más curiosos procedentes del antiguo Egipto hace referencia al vibrador de la famosa Cleopatra, que habría sido confeccionado introduciendo abejas en un recipiente que acercaba a sus genitales para estimularse sexualmente[45].

Las fuentes mencionan que los animales más utilizados eran simios, ganado doméstico y perros en el caso de las mujeres. Algunas fuentes mencionan también que los egipcios habrían dominado el apareamiento con cocodrilos; esto se conseguiría tumbando al animal sobre su espalda, con lo que no podría resistirse a la penetración. Esta práctica proporcionaría prosperidad y mejoraría la potencia sexual del hombre[46].

Con relación a la zoofilia en contextos rituales, algunos autores mencionan el bestialismo ritual en el contexto del culto al toro Apis en Memphis y la práctica con cabras en honor del dios carnero Banebdyedet en el Templo de Mendes[47]. Midas Dekkers y Brenda Love relatan en sus respectivos libros sobre zoofilia que Heródoto habría sido testigo de la cópula entre mujeres y corderos en Mendes como parte de rituales de fertilidad[48]. Este tipo de prácticas se engloba dentro de la prostitución sagrada, que podría tener su origen en la Babilonia del 3000 a.C. aproximadamente, en torno al culto de la diosa sumeria de los cielos Inana (Isthar para los acadios o Astarté para los sirios)[49].

---

44   Rosenfeld 1967, p. 27.

45   Beetz 2009, p. 3. Este sería un claro ejemplo de entomofilia.

46   Masters 1966(a), p. 10.

47   Beetz 2009, p. 3 y Masters 1966(a), p. 11.

48   Dekkers 2000, p. 12 y Love 1992, p. 298.

49   Herrero Marcos 2016, p. 50.

Mujer copulando con perro. Isfahán (Persia), ilustración del S. XV.

Wikipedia https://en.wikipedia.org/wiki/Zoophilia#/media/File:Persian_woman_with_an_animal_Wellcome_L0033282.jpg

Griego sodomizando a una cabra, s. XVII. De Figuris Veneris de F. K. Forberg. Ilustrado por Édouard-Henri Avril.

Wikipedia https://en.wikipedia.org/wiki/Zoophilia#/media/File:%C3%89douard-Henri_Avril_(28).jpg

4. India

El caso de la India con relación a la zoofilia es realmente interesante. En el arte védico vamos a encontrar representaciones de zoofilia en templos, con lo que muy probablemente estemos ante escenas zoófilas de tipo ritual o sagrado.

Relieve con escenas de zoofilia en Tripurantaka Temple (India). «Journeys across Karnataka»

https://karnatakatravel.blogspot.com/2011/12/stories-in-stone-tripurantakesvara.html

Por ejemplo, en el exterior de algunos templos del complejo de Khajuraho encontramos este tipo de representaciones.

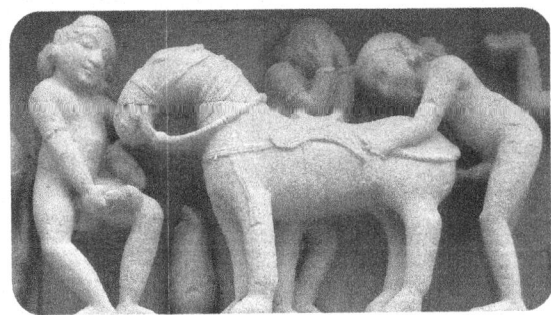

El hombre que penetra a una yegua, Relieve escultórico en el exterior de un templo hinduista-jainista de Khajuraho, India. Eva Fernández del Campo (también disponible en Wikipedia)

En la mitología hindú no es infrecuente encontrar figuras religiosas manteniendo relaciones con animales, por ejemplo, Brahma copulando con un oso. En la tradición hindú, tanto pictórica como escultórica, muchas de las representaciones de zoofilia aluden al sexo entre una persona y un dios encarnado en la forma de un animal, por lo que podrían tener carácter exclusivamente simbólico y no hacer referencia a prácticas zoófilas reales. Por otro lado, se consideraba que la cópula con una vaca sagrada o mono traía buena suerte. Durante las celebraciones del festival sagrado en honor de la diosa Vesanti, las mujeres hindúes se masturbaban y realizaban felaciones a toros como forma de acercamiento a la divinidad[50].

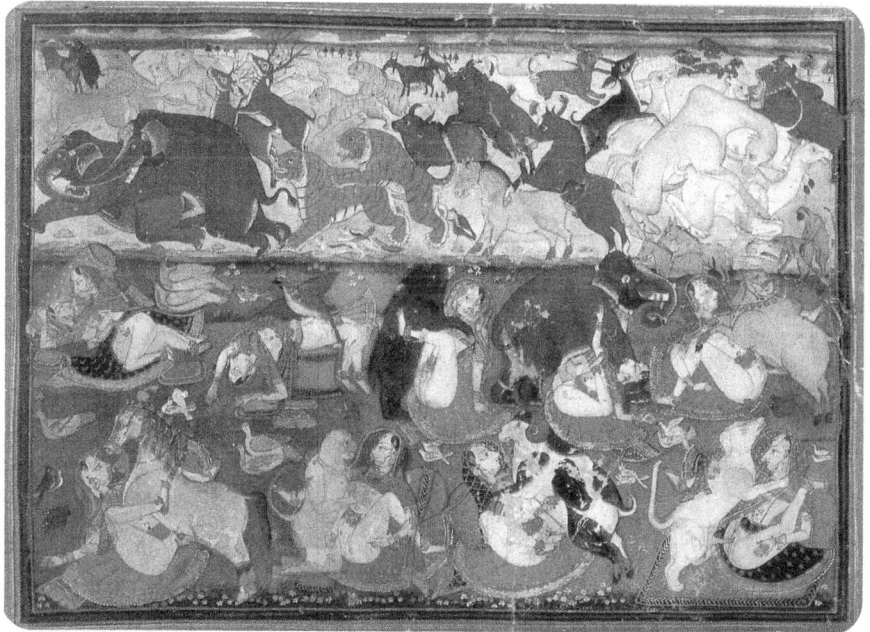

Miniatura india del s. XVIII que representa a una mujer practicando zoofilia.

Wikipedia: https://en.wikipedia.org/wiki/Zoophilia#/media/File:Indiaerotic5.jpg

Es muy probable que la creencia en la transmigración de las almas entre personas y animales, y que, por ello, tanto personas como animales son parte del mismo sistema kármico, tuviese como resultado actitudes menos estrictas con relación a la zoofilia en la cultura y religión hinduistas. Como muestra el siguiente texto en inglés, las penitencias que impone el *Manusmriti* o Leyes de Manu en algunos de sus *slokas* con relación al bestialismo

50   Beetz 2009, p. 11.

no son excesivamente severas[51]. Los castigos van desde el ayuno, a las ofrendas de animales a los brahamanes, hasta el desagradable pero curioso *Samtapana Krikkhra*:

> «*A man who has commited a bestial crime [...] shall perform a Samtapana Krikkhra*».[52]

> «*On carnal intercourse with a beast, or a prostitute and the like, or with a female buffalo, or with a female camel, or with a she monkey, or with a sow, or a female ass, one should perform the Prajapatya penance*»[53].

> «*On carnal intercourse with a cow, the sin is removed by three nights' fast; a cow should be presented to a Brahman as fee. On carnal connection with a female buffalo, a female camel or an ass, the sin is removed by one night's fast*»[54].

Según Masters, los monjes hindúes tenían relaciones con monos sagrados y en ocasiones también con vacas sagradas[55].

Tanto en la cultura hindú como en la islámica, parece que se utilizaban animales en los harenes, especialmente perros y mo-

---

51   Primer código sistematizado de ley hindú.

52   Además del ayuno durante una noche, el *Samtapana Krikkhra* consistía en ingerir una mezcla de excrementos y orina de vaca, leche, cuajada, mantequilla y agua en la que se había esparcido hierba de kusha (Desmostachya bipinnata). Esta planta figura en el *Rig Veda* como parte de ceremonias sagradas y como asiento perfecto para sacerdotes y dioses y es recomendada específicamente por Krishna en el *Bhagavad Gita* como asiento ideal para la meditación. Con relación a las penas por bestialismo, véanse los siguientes enlaces (disponibles solo en inglés):

https://hinduism.stackexchange.com/questions/15478/what-is-hinduisms-stand-on-bestiality y https://hinduism.stackexchange.com/questions/29082/any-other-slokas-suggesting-drinking-of-cow-urine/29083.

53   La pena del *Prajapatya* combina restricciones alimenticias con días de completo ayuno, véase el siguiente enlace explicativo (disponible solo en inglés):

https://hinduism.stackexchange.com/questions/30282/what-are-the-prajapatya-chandrayana-and-krcchra-penances

54   Para obtener información rápida sobre cuestiones relacionadas con la ley antigua en India recomiendo el foro https://hinduism.stackexchange.com/ (en inglés).

55   Masters 1966(a), p. 11.

nos, para mantener satisfechas a las mujeres cuando no podían ser atendidas por los hombres[56].

5. Grecia

El bestialismo nunca estuvo penado en Grecia, es uno de los temas más frecuentes de la mitología griega y fue muy representado no solo en la época sino también en el arte a partir del Renacimiento. Durante la Edad Media en Europa la temática pagana fue relegada del mundo del arte dando prioridad a la representación de temas cristianos. Las culturas griega y romana fueron mucho más tolerantes con la homosexualidad y prácticas sexuales alternativas que la cultura judeo-cristiana, que las consideraba una aberración.

Son numerosos los temas mitológicos griegos en los que los dioses se transforman en animales (teriomorfismo) para atraer a ninfas y efebos y mantener así relaciones sexuales con ellos[57]. Todos ellos han sido muy representados por diferentes autores y estilos artísticos en pintura y escultura. Es un hecho que la mitología es un fiel reflejo de la sociedad que la produce, con lo que probablemente la zoofilia no estuviese mal vista en la cultura griega antigua, a juzgar por la fuerte presencia del bestialismo en sus mitos[58].

---

56   Beetz 2009, p. 10.

57   Hay un matiz considerable entre zoomorfismo y teriomorfismo. El zoomorfismo implica una representación híbrida entre forma humana y animal, como en el caso de los dioses egipcios, mientras que el teriomorfismo sería más acertado para definir a los dioses griegos, ya que alude a una transformación de un ser con forma humana en otro con forma animal, ya sea de manera completa o parcial, y viceversa. En la cultura griega también encontramos casos de zoomorfia que no implican teriomorfismo o transformación, como es el caso de sirenas, centauros, sátiros, harpías, etc.

58   James Robson reflexiona en su ensayo *Bestiality and Bestial Rape in Greek Myth* (1997) sobre la relación entre mito y sociedad. Con relación a la mujer, el autor manifiesta que el mito refleja la sumisión de esta en la sociedad griega. En los mitos se premia a la mujer sumisa, mientras que la rebelde es castigada

Escena de zoofilia con un sileno. 500 a.C.

Wikipedia https://en.wikipedia.org/wiki/Zoophilia#/media/File:Kylix_with_Satyr_and_Fawn_2.jpg

Quizás uno de los más conocidos sea Leda y el Cisne, según el cual Zeus habría abordado a Leda en forma de cisne mientras esta caminaba junto al río Eurotas. Leda daría a luz a dos parejas de hijos: por un lado, Helena y Pólux, hijos inmortales de Zeus, y, por otra parte, Clitemnestra y Cástor, hijos mortales de Tíndaro, rey de Esparta. Según la historia, Zeus en forma de cisne habría seducido o violado a Leda en la misma noche en que esta habría tenido relaciones con su esposo, el rey Tíndaro, de ahí que nacieran hijos de padres diferentes.

Leda y el cisne. Museo Arqueológico Nacional de Venecia.

http://www.meravigliedivenezia.it/es/objetos-virtuales/MAN_024.html

por los dioses. Otro ejemplo de sumisión femenina es la infinidad de violaciones, acosos y raptos que sufren ninfas y diosas en los mitos griegos.

En forma de águila Zeus secuestró al joven Ganímedes, príncipe troyano, quien lo convirtió en su amante y en el copero de los dioses. También en forma de águila, Zeus convirtió en su amante a la ninfa Egina, que dio luz a Éaco.

Tomando forma de toro blanco, Zeus se mezcló con las reses que tenía el padre de Europa. Mientras recogía flores cerca de la playa, esta vio al toro y se montó en él. Zeus aprovechó la oportunidad, se dirigió hacia el mar y nadó hasta la isla de Creta llevando a Europa en el lomo. Una vez en Creta, Zeus reveló su identidad y Europa se convirtió en reina de la isla.

Mezclando bestialismo e incesto, Perséfone fue seducida por su padre Zeus en forma de serpiente y tuvo un hijo llamado Zagreo, que fue asesinado por los Titanes a instancias de Hera. Deméter había dado a luz a Perséfone después de ser violada por Zeus en forma de toro.

No solo vamos a encontrar mitos en los que Zeus se transforma en animal, también existe el proceso inverso: Zeus transformó a sus amantes Ío y Calisto en vaca y osa respectivamente para disimular ante su esposa Hera su infidelidad. Según Pausanias, Zeus habría tomado la forma de cuco para seducir a Hera.

Para finalizar con Zeus, hay otros mitos que dicen que violó a Antíope en forma de sátiro, sedujo a Ftía en forma de paloma y fornicó con Día, mujer de Ixión, en forma de caballo[59].

Zeus no fue el único dios que se transformaba en animal para tener relaciones con ninfas y diosas. Si no tuvo suficiente con ser violada por Zeus en forma de toro, Deméter fue violada por Poseidón en forma de caballo, a pesar de que esta se había transformado a su vez en yegua para intentar escapar. También en forma de caballo, Poseidón tuvo relaciones con Medusa en el templo de Atenea, motivo por el cual Atenea la castigó transformando su pelo en serpientes. Poseidón transformó a Teófane en oveja para tener relaciones con ella adoptando la forma de carnero.

---

59   Masters 1966(a), p. 93.

Pero Poseidón también fue el responsable de las aventuras zoófilas de terceros. En otro mito, el dios Poseidón hizo que Pasífae, esposa del rey cretense Minos, se enamorase de un toro blanco que, por su belleza, Minos no había querido sacrificar en su honor. Esta confió su pasión por el toro a Dédalo, posteriormente arquitecto del laberinto del Minotauro. Dédalo construyó una vaca de madera hueca que cubrió con un cuero de vaca y la llevó a la pradera de las cercanías de Gortina, donde el toro de Poseidón pacía entre las vacas de Minos. Pasífae se metió en su interior con las piernas metidas en los cuartos traseros y el toro blanco no tardó en montar a la vaca de madera, de modo que Pasífae vio satisfecho su deseo. Fruto de esta relación zoófila daría a luz al Minotauro, criatura con cabeza y cola de toro y cuerpo humano[60].

Uno de los diferentes orígenes de Pan es el de hijo de Hermes, que habría copulado con Penélope en forma de macho cabrío. Pan también adoptó la forma de carnero para seducir a Selene. Los centauros gustaban de violar a ninfas, como el intento de violación de Euritión a Hipodamía. Arcadia fue violada por un toro que sacrificó Argos. El dios Boreas tomaba forma de caballo para copular con yeguas. Estos son solo algunos ejemplos, aunque hay muchos más casos en la mitología griega[61].

Todos estos temas van a ser representados por numerosos pintores y escultores, no solo en época antigua, sino también a partir del Renacimiento, como hemos mencionado, con la vuelta a los temas clásicos después de un arte medieval que priorizaba los temas cristianos. En época antigua, tanto en Grecia como en Roma, vamos a encontrar representaciones mitológicas no solo en pintura y escultura sino también en objetos cotidianos como espejos de mano, muebles, vasijas, ánforas, lámparas de aceite, recipientes diversos para cosméticos y otros productos, etc. Por otro lado, también son frecuentes las fábulas y otro tipo de textos

---

60   Masters 1966(a), p. 94.

61   Masters 1966(a), p. 96.

literarios en la antigüedad grecolatina en los que se trata el tema del bestialismo.

Algunas fuentes revelan que, al igual que los egipcios, los griegos también practicaban la zoofilia en contextos rituales. Este es el caso de las bacanales o del culto del Templo de Afrodita Parne.

Con respecto a la zoofilia en la cultura griega, James E. Robson sugiere en su ensayo «Bestiality and bestial rape in Greek myth» (1997) que las representaciones de bestialismo podrían tener diferentes intenciones al margen de la recreación mitológica: pornográfica, ritual de caza o rituales de iniciación masculina[62].

Finalmente, parece que tanto griegos como egipcios creían que la zoofilia curaba la ninfomanía[63].

6. Roma

Todos estos temas de la mitología griega también se repiten en la romana, lo único que cambia es la denominación de los dioses: Zeus pasa a Júpiter, Hera a Juno, Poseidón a Neptuno, Afrodita a Venus, etc. Al margen de relaciones zoófilas, en ambas mitologías también vamos a encontrar seres híbridos como centauros, sirenas, harpías, faunos, sátiros, silenos, esfinges, etc. En el propio mito fundacional de Roma, es una loba la que amamanta a Rómulo y Remo. Sin embargo, ya antes de los romanos, incluso los etruscos representaron escenas de zoofilia.

---

62   James Robson 'Bestiality and Bestial Rape in Greek Myth', in *Rape in Antiquity: Sexual Violence in Greek and Roman Worlds,* eds. Susan Deacy and Karen F. Pierce. Gerald Duckworth and Co. Londres, 1997.

63   Beetz 2009, pp. 3-4. En Masters 1966(a), pp. 54-55, se comentan prácticas zoófilas para curar la ninfomanía llevadas a cabo en Mendes (Egipto) y en los templos de Astarte (cultura fenicia-cananea) o Anaitis (cultura indo-iraní).

Pan copulando con una cabra. Museo de Nápoles.

Wikipedia https://es.wikipedia.org/wiki/Arte_er%-C3%B3tico_en_Pompeya_y_Herculano#/media/Archivo:Pan_copulating_with_goat_2.JPG

Rómulo y Remo amamantados por una loba. Museo Capitolino.

Wikipedia https://es.wikipedia.org/wiki/Luperca#/media/Archivo:Capitoline_she-wolf_Musei_Capitolini_MC1181.jpg

Jarrón etrusco del siglo VI a. C. hallado en la cámara octogonal de los baños de Diocleciano. Museo de Roma.

https://x.com/redhistoria/status/1595180649962422272/photo/1

En este contexto, muchos autores mencionan una fuente que probablemente sea una de las primeras obras literarias con alusiones zoófilas. Se trata de *Las metamorfosis* o *El asno de oro* de Lucio Apuleyo[64].

Lo que caracteriza a la cultura romana es que la práctica de la zoofilia transciende el contexto mitológico, ritual o religioso para instalarse con total normalidad en el ámbito civil o cotidiano. Además de practicarse de forma privada y en prostíbulos, los espectáculos de sexo con animales tenían lugar también en el ámbito público en el Coliseo y Circo Máximo, llegando incluso a producirse violaciones públicas de mujeres y hombres por parte de animales entrenados para deleite de sus sádicos asistentes. Masters detalla en su libro algunos espectáculos circenses de bestialismo y son realmente impactantes. Parece ser que en Roma se entrenaban animales de todo tipo desde edades tempranas para copular e incluso violar a mujeres: monos, perros, caballos, asnos, toros, cebras, jabalíes, etc. Según Masters, muchas mujeres eran vírgenes y algunas incluso niñas. Un espectáculo que, según Masters, tenía mucho éxito, era la violación simultánea de niñas pequeñas por simios borrachos excitados por la orina de hembras de su especie que se rociaba previamente en los genitales de las niñas[65].

Andrea M. Beetz habla de los prostíbulos romanos en su ensayo *Bestiality and Zoophilia: A Discussion of Sexual Contacts with Animals*. Según esta autora, en la antigua Roma algunos

---

64   Posteriormente el tema ha sido tratado en numerosas obras literarias. *A Night in a Morish Harem* de Lord George Herbert narra en tono poético un encuentro sexual entre una chica y un potro. Además de *El asno de oro*, Dekkers menciona otros ejemplos de la literatura en su libro, como *Las mil y una noches*, *Gamiani* de Alfred de Musset, obra en la que la condesa de Gamiani recurre a un perro enorme llamado Medor para satisfacer sus carencias sexuales, el poema épico *Roan Stallion* de Robinson Jeffers, en el que una mujer desatendida sexualmente por su marido busca satisfacción en un espléndido potro, etc. (Dekkers 2000, pp. 155-164). En Masters 1966(a), pp. 98-100 se mencionan otros ejemplos literarios que reflejan este tema.

65   Masters 1966(a), p. 15.

burdeles se conocían por el nombre de los animales que ofrecían a sus clientes para realizar prácticas sexuales. Por ejemplo, los 'caprarii' ofrecían cabras, los 'belluarii' perros y los 'ansenarii' aves[66]. Por otro lado, se han encontrado numerosas lámparas de aceite romanas realizadas en terracota con representaciones de bestialismo. Este tipo de lámparas se utilizaban para iluminar las dependencias de los prostíbulos, ya que no solían disponer de ventanas para garantizar así la intimidad.

Lámpara de aceite con motivos de zoofilia. Siglo I-III. Valle del Reno.

Wikimedia   https://commons.wikimedia. org/wiki/File:Lucerne_con_motivi_eroti- ci,_dall%27italia,_valle_del_reno_e_asia_ minore,_I-III_sec_ca._05.JPG

Lámpara de aceite con motivos de zoofilia. Siglo I-III.

Wikipedia   https://en.wikipedia.org/wiki/ Zoophilia#/media/File:Berlin_-_Altes_ Museum_7880.jpg

---

66   Beetz 2005, p. 204.

Pero parece que la práctica de la zoofilia no era algo exclusivo del pueblo y de las clases bajas. Emperadores como Tiberio, su esposa Julia, Claudio, Nerón, Constantino, Teodora e Irene realizaron prácticas zoófilas o disfrutaron asistiendo como espectadores a este tipo de escenas[67].

Claudio llegó a utilizar la zoofilia como medio de tortura y ejecución. Según Rosenfeld, el emperador romano ejecutaba a mujeres atándolas a una estructura especial de madera para que enormes caballos pudiesen penetrarlas ante sus ojos.

Tortura con penetración de caballo a mujer infiel. Villeneuve, Roland: Le musée de la bestialité, p. 180.

La mayoría acababan falleciendo víctimas del dolor y las hemorragias[68]. Su tercera esposa, Mesalina, también tenía mala reputación. Juvenal habla de ella en sus Sátiras y la acusa de prostituirse a espaldas de su marido, camuflada con una peluca rubia y bajo el pseudónimo de Lycisca[69].

Nerón tampoco resulta bien parado en el libro de Rosenfeld, al afirmar el autor que el emperador obligó a algunos senadores y a sus mujeres a realizar prácticas sexuales con animales para

---

67   Beetz 2009, p. 4.

68   Rosenfeld 1967, p. 30. En su libro *Le Musée de la Bestialité,* Roland Villeneuve menciona un castigo similar ejecutado en la cultura china contra las mujeres que cometían adulterio. El autor incluye un grabado que muestra a una mujer atada en una cama con las piernas abiertas y el sexo visible junto a un caballo con un enorme falo preparado para copular. Alrededor aparecen dos figuras masculinas que suponemos son los encargados de ejecutar y supervisar la tortura. Villeneuve 1973, p. 180.

69   Dierichs 1997, p. 71.

su divertimento. También participó en unas extrañas prácticas sexuales disfrazado de animal en los banquetes de Tigelino.

Rosenfeld hace una afirmación muy interesante en su libro:

«[...] El componente sádico que se aprecia en la cultura romana no está presente en la griega [...]. Ninguna otra nación del mundo, tanto en época antigua como moderna, legalizó jamás el sadismo para el entretenimiento de su pueblo, ni siquiera los nazis, que al menos ocultaban el horror en los campos de concentración»[70].

La historia de la emperatriz Teodora tampoco tiene desperdicio, si nos regimos por los datos que aporta Rosenfeld en su libro. Esta habría mamado el sadismo ya desde la cuna, al ser su padre uno de los cuidadores de los animales utilizados para los terribles espectáculos circenses de bestialismo. Según Rosenfeld, Teodora se habría iniciado en la prostitución desde niña, aunque debido a su corta edad y constitución pequeña y delgada consideraron que no era apta para el coito y la tuvieron de *fellatrice* hasta que creció. Pero para aumentar su negocio, Teodora se hizo actriz y sus espectáculos de zoofilia fueron muy populares. Procopio de Cesarea da fe de ello en su *Historia Secreta* (s. VI). En uno de ellos se recreaba el mito de Leda y el cisne, y consistía en poner grano alrededor de su sexo para que gansos entrenados lo picoteasen. Otro de los espectáculos era el sexo con perros entrenados por su padre. Finalmente, el emperador Justiniano se enamoró de ella y acabó convirtiéndose en emperatriz[71].

Por otro lado, ambas culturas compartían aspectos de sociedades avanzadas. Por ejemplo, la homosexualidad estaba permitida tanto en Grecia como en Roma, incluso existía prostitución masculina además de la femenina. Prueba de ello son las pinturas encontrabas en los burdeles de Pompeya y Herculano, algunas de ellas atesoradas en el *Gabinetto Segreto* del Museo Arqueológico Nacional de Nápoles[72].

---

70   Rosenfeld 1967, pp. 32-34.

71   Rosenfeld 1967, pp. 36-37.

72   Dierichs 1997, p. 79. Una de las pinturas muestra un trío de dos hombres y una mujer. Uno de ellos penetra a la mujer mientras es penetrado por el

Muchos museos son reacios a exponer al público este material. La *Galeria Erotica* de Colonia posee una pequeña colección con piezas del arte antiguo europeo. Hay otras instituciones que disponen de algunas piezas, como los museos de arte erótico de Múnich, Hamburgo, Copenhague y Ámsterdam, este último denominado como Templo de Venus. Es difícil de creer que los grandes museos de las principales potencias expoliadoras de arte antiguo no dispongan de este tipo de piezas entre sus fondos.

7. Edad Media y Moderna

En la Edad Media también existían mitos relacionados con la zoofilia, como el que atribuía al fundador de la realeza danesa ser descendiente de un oso y de una mujer. El propio cristianismo tenía dificultades para distanciarse de los temas paganos en su propia mitología: los mitos de Leda y el cisne y la fecundación de la Virgen María por el Espíritu Santo en forma de paloma blanca guardan una sospechosa similitud; si bien, en el primero hubo pecado y en el segundo no[73]. En la mitología teutónica, las Valkirias en forma de cisnes en ocasiones tenían relaciones con hombres. Una de ellas, Kara, fue amante del valeroso guerrero Helgi[74]. El emperador Enrique VII habría afirmado ser descendiente de la unión de Raymond con Melusina, mitad mujer y mitad pez o serpiente. Con la popularización del mito de Melusina, otras casas reales compitieron por atribuirse la descendencia, como las de Luxemburgo, Rohan y Sassenaye[75].

---

otro hombre. A pesar del deterioro de las pinturas, es posible distinguir claramente al hombre de la mujer, ya que a las mujeres se las representaba con una tonalidad de piel más clara que a los varones.

73   Erwin Panofsky y Fritz Saxl analizan la representación de temas clásicos en el arte medieval en su libro *Mitología clásica en el arte medieval*.

74   Masters 1966(a), p. 91.

75   Masters 1966(a), p. 152.

A pesar de estos devaneos reales con la zoofilia, con la generalización del cristianismo esta práctica estuvo estrictamente prohibida por ir contra natura y fue relacionada con la magia negra y la brujería. Con frecuencia se pensaba que el diablo asumía forma de animal para tener relaciones con las brujas. Rosenfeld cuenta la historia del padre Campanelloni, un monje del siglo XIII, que se habría disfrazado y asistido a una especie de misa negra (aquelarre o sabbat) en la que presenció a una bruja copulando con un macho cabrío negro mientras esta exclamaba «*¡Oh sí, fóllame Lucifer!*»[76]. Francisco de Goya trató esta temática en sus pinturas negras.

Las condenas se fueron endureciendo paulatinamente hasta llegar a la pena de muerte. En paralelo a la justicia ordinaria, en el ámbito eclesiástico proliferaron los Libros Penitenciales, que especificaban las penitencias impuestas por los sacerdotes durante la confesión para todo tipo de pecados, también los relacionados con el bestialismo y el sexo en general. Este tipo de castigo pertenecía al ámbito privado y fue reprobado en España por el III Concilio de Toledo del año 589[77]. Sin embargo, los penitenciales acabaron imponiéndose en España y precisamente los españoles fueron de los más estrictos, pudiendo prescribir hasta penas de 20 años de penitencia para las personas involucradas en actos de zoofilia o sodomía. Las penitencias solían consistir en ayunos, oración y limosna. Los Libros Penitenciales variaban en dureza. Por ejemplo, el *Penitentiale Pseudo-Romanum* castigaba a los hombres casados que habían practicado la zoofilia con un año de penitencia, mientras que el *Penitentiale Hubertense* lo hacía con hasta diez años[78]. Otros penitenciales famosos fueron el *Penitencial de Burchard*, el *Paenitentiale Vigilanum* (también conocido por *Albeldense* o *Indicius penitentie de diversis criminibus*), el *Paenitentiale Silense*, el *Paenitentiale Cordubense*, el *Pae-*

---

76   Rosenfeld 1967, p. 47.

77   Vivancos Gómez en AA.VV. 2018, p. 57.

78   Masters 1966(a), p. 35.

nitentiale Remense, etc. Santo Tomás de Aquino especificó en sus escritos cuatro tipos de vicios no naturales, siendo el bestialismo el más serio de todos ellos, seguido por la homosexualidad, el sexo heterosexual en posiciones no decorosas y la masturbación. En la justicia ordinaria, la zoofilia llegó a ser condenada con la pena de muerte, tanto para el reo como para el animal, e incluso con la tortura pública hasta el fallecimiento del reo[79].

En las iglesias románicas vamos a encontrar representaciones explícitas de sexo, incluso de zoofilia. Todo parece indicar que este tipo de imágenes tenían un claro carácter moralizante y condenatorio y con frecuencia van acompañadas de escenas de castigos infernales. Hay que tener en cuenta que en la Edad Media la mayoría de las personas eran analfabetas, con lo que el arte era una buena forma de transmitir el mensaje religioso y sus prohibiciones y penas condenatorias. Una temática inquietante es la representación de figuras femeninas a las que una serpiente o sapo les muerden los pechos o les succionan su sexo; parece ser que este tipo de imágenes aludían simbólicamente al pecado mortal de la lujuria y, por supuesto, tenían una intención condenatoria del acto[80]. Ejemplos de iconografía con estas características lo encontramos en la Portada del Juicio de la Catedral de Tudela (Navarra) y en la Portada de Santa María la Real de Sangüesa (Navarra), en una pila bautismal ubicada en Rebanal de las Llantas (Palencia), en capiteles de las iglesias de San Quirce de los Ausines (Burgos) y San Martín de Frómista (Palencia), entre otras, en la Colegiata de San Pedro de Cervatos (Cantabria), en el Pórtico del Paraíso de la Catedral de Orense (Galicia) y, en el país vecino, en relieves de la abadía de Saint Jouin de Marnes en Deux-Sévres, de la iglesia abacial de Saint Pierre de Beaulieu-sur-Dordogne y en la abadía San Pedro de Moissac, entre

---

79   Beetz 2009, pp. 5-7.

80   Si bien es cierto que a través de Luciano sabemos que en la antigua Roma se adiestraba a las serpientes para lamer los pezones de las mujeres (Masters 1966(a), p. 14), en la cultura cristiana la representación de este tipo de escenas en las iglesias tenía un objetivo claramente moralizante.

otras. En la fachada sur de este mismo edificio hay un canecillo con un cuadrúpedo sobre una mujer contorsionada y una metopa con un animal en actitud de coito con un personaje femenino[81].

En su tesis doctoral *Imagen y palabra: Los pecados más frecuentes en la iconografía de Castilla medieval*, Faustina Vila-Belda Martí recoge más casos de representaciones de bestialismo en iglesias románicas españolas: San Pedro de Tejada en Burgos, Santa Juliana en Santillana, San Esteban en Corullón, Santa María de Cayón en Cantabria, Santa María en Villaviciosa en Asturias, Santiago de Carrión de los Condes, etc.[82]

Masters menciona en su libro *Sex-Driven People*, que en la Catedral de Orleans hay una escena de un simio copulando con una mujer[83].

Una vez que el acto era descubierto, la excusa frecuente, sobre todo entre mujeres, era que habían sido embaucadas por el demonio, que se les habría presentado en forma de animal obligándolas a copular. Ya hemos mencionado el proceso judicial de la Inquisición realizado contra Sor Juana de San Bernardo Matos, a la que el diablo habría proporcionado «acceso carnal con un mulo». Masters menciona el caso de Françoise Secretain, que fue quemada viva después de admitir que había tenido acceso carnal cuatro o cinco veces con el diablo en forma de animales diversos como, por ejemplo, perro, gato o gallina, y añadió que su semen era frío[84].

Hoy en día se sabe que ningún animal puede fecundar a un ser humano y viceversa, pero durante la Edad Media van a ser frecuentes las leyendas sobre la existencia de vástagos e híbridos resultantes de las relaciones entre personas y animales. Masters comenta en su libro algunos ejemplos. En el siglo XVII,

---

81   Véase Martínez de Lago en AA.VV. 2018, pp. 155-163 y Herrero Marcos 2016, pp. 106-107.

82   Vila-Belda Martí 2016, pp. 261-262.

83   Masters 1966(b), p. 200.

84   Masters 1966(a), p. 48.

Francesco-Maria Guazzo, fraile justiciero de brujas y autor de *Compendium Maleficarum*, comenta un caso de bestialismo en Bélgica en el que una vaca habría dado a luz a un niño ante la mirada de numerosos testigos. Según este fraile el niño fue bautizado, creció y dedicó su vida a la contemplación pía y a la penitencia como pago al daño causado por su progenitor. A pesar de tener un aspecto totalmente humano, el fraile comenta que el niño presentaba algunas tendencias vacunas como un insaciable apetito por la hierba y un deseo continuo de rumiar[85]. Otra anécdota curiosa que refleja la creencia de nuestros antepasados en la posibilidad de fecundidad mutua entre personas y animales figura en *Le Musée de la Bestialité* de Roland Villeneuve. Según Villeneuve, en 1307 el papa Clemente V ordenó bautizar a dos pollinos porque tenían rostros de niños[86].

Aunque en el siglo XIX, e incluso antes, ya se sabía que las relaciones entre humanos y animales eran estériles, personas de considerable prestigio seguían haciéndose eco de nacimientos de híbridos en diferentes épocas y lugares. Ejemplo de ello es *Anomalies and Curiosities of Medicine*, de George M. Gould and Walter L. Pyle.

8. Edad Contemporánea

Como hemos mencionado anteriormente, en época moderna se va a producir una descriminalización progresiva de la zoofilia hasta llegar a principios del siglo XXI, momento en que la mayoría de países europeos volvió a prohibirla en el marco de las leyes de protección animal.

Las fuentes informan de la práctica de la zoofilia en burdeles en época moderna. Por ejemplo, en París se ofrecía sexo con pa-

---

85   Masters 1966(a), p. 64. Véanse más ejemplos de este autor en Masters1966(b), pp. 202-203.

86   Villeneuve 1973, p. 96. Más casos espectaculares de supuestas hibridaciones en pp. 95-96.

vos a los que se les retorcía el pescuezo antes de llegar al clímax. Parece ser que esta práctica causaba una contracción en la cloaca del animal, cuyos espasmos producían sensaciones placenteras en el pene de los clientes. En China también se practicaba esta técnica con gansos[87].

A través de las fuentes nos llegan hechos realmente repugnantes. Parece ser que los nazis experimentaron con la zoofilia en los campos de concentración utilizando prisioneras judías. Además de sus horrendos experimentos con gemelos, el Dr. Josef Mengele estaba obsesionado con la zoofilia e intentó crear un híbrido entre perro y mujer que reemplazase el trabajo esclavo en los campos. Mujeres judías fueron violadas principalmente por perros y ponis[88]. El Dr. Engel Kobrinner, prisionero austríaco en uno de los campos de concentración nazis, testificó en los juicios de Núremberg que el Dr. Mengele intentó demostrar su teoría de que un perro podría fecundar a una mujer humana y utilizó a Baron, su perro San Bernardo, para tener relaciones con prisioneras del campo. Kobrinner asegura que al menos 500 mujeres fueron violadas con este procedimiento[89].

El testimonio de Dora Szafransky, polaca de 18 años de edad, es realmente impactante. Fue obligada por Mengele a realizar una felación a su perro mientras este la penetraba analmente. Lo sorprendente es que testificó que el perro estaba encantado[90].

El testimonio de Kobrinner da fe de la bajeza de Mengele, que obligó a algunos prisioneros a realizar el cunnilingus a mujeres muertas recién gaseadas. Según Kobrinner, los que se negaban eran colgados lentamente con cuerdas de piano; algunos tardaban hasta media hora en morir. Según este prisionero, la novia

---

87   Beetz 2009, p. 7 y Dekkers 2000, p. 71.

88   Beetz 2009, p. 8.

89   Rosenfeld 1967, pp. 62-63.

90   Rosenfeld 1967, p. 63

de Mengele, Irma Grese, participaba en ocasiones de este tipo de actos[91].

El caso descrito por el prisionero austríaco Fritz Keinner con respecto a uno de los guardias del campo de Birkenau llamado Ruddie Barnholdt es espeluznante. Este sádico encerraba a mujeres en una habitación en total oscuridad y en silencio sin apenas comida y agua. Cuando estaban casi fuera de sí, las sacaba y les ofrecía agua y comida con la condición de realizar una felación a su dóberman[92]. Klaus Barbie, el 'Carnicero de Lyon', obligaba a los prisioneros a practicar sexo con animales para su divertimento y para degradarles[93].

La guerra fue un campo de cultivo para las prácticas zoófilas. La mayoría de veces los soldados copulaban con las yeguas de la caballería. Según Masters, parece que Federico el Grande tuvo que lidiar con algunos zoófilos en sus filas, cuyo castigo fue la relegación de los soldados implicados a infantería para que, de esa manera, no tuviesen contacto con los equinos. Parece que los húsares húngaros copulaban con frecuencia con sus yeguas durante la Primera Guerra Mundial. Finalmente, Masters también reporta casos de la Segunda Guerra Mundial[94]. Años antes del nazismo, justo antes de la Primera Guerra Mundial, el Dr. H.S. England reveló que el biólogo berlinés Dr. Hermann Klaatsch trabajó en la creación de un híbrido entre gorila y nativo africano para ser utilizado en los trabajos más pesados. Sus experimentos se vieron interrumpidos por el estallido de la guerra[95].

Antes de las prohibiciones masivas de esta práctica a principios del siglo XXI, era posible encontrar espectáculos en vivo de

---

91   Rosenfeld 1967, p. 64. En el libro *Guardianas Nazis*, Mónica González Álvarez demuestra que las mujeres que trabajaban como vigilantes en los campos de concentración podían llegar a ser igual de crueles que los hombres.

92   Rosenfeld 1967, p. 73.

93   Beetz 2009, p. 8.

94   Masters 1966(a), p. 40.

95   Masters 1966(a), p. 69.

zoofilia en numerosos países europeos, utilizando animales tan diversos como perros, cabras, asnos, serpientes, toros y ponis. Este tipo de *shows* existen actualmente en algunos países asiáticos[96].

En el siglo XX, también se popularizó el cine porno zoófilo, destacando Dinamarca, que fue el primer país europeo en legalizar la zoofilia en 1969[97]. En este país destacaron las películas con contenido zoófilo de la actriz porno Bodil Joensen, que llegó a escribir una columna de consejos sobre bestialismo en una revista, ayudando a otras zoófilas a tener sexo con animales de forma segura. En EE.UU. destacó la actriz Linda Lovelace, que en 1971 actuó en *Dog Fucker*, un corto sobre bestialismo.

Pero no solo el cine porno ha tematizado el bestialismo. Hay otro tipo de películas en las que encontramos la zoofilia como tema principal o accesorio. En España podemos mencionar la película *La criatura* (1977) de Eloy de la Iglesia, en la que una mujer se enamora de un perro llamado Bruno, la ya comentada *El sacerdote* (1978) también de Eloy de la Iglesia, o *Caniche* (1979), de Bigas Luna. En EE.UU., en la película *Todo lo que siempre quiso saber sobre el sexo y nunca se atrevió a preguntar* (1972), del director estadounidense Woody Allen, un médico se enamora perdidamente de una oveja. *King Kong* (1933) revela una clara atracción del gorila por la protagonista. En la producción polaca y estadounidense *Hijos de un mismo Dios* (2001), una niña se ríe de un chico polaco de unos 15 años por practicar sexo con ovejas. En Asia, el film *Max Mon Amour* (1987), del director de cine japonés Nagisa Oshima, trata de un diplomático inglés que descubre que su esposa está teniendo una aventura con un chimpancé al que mantiene escondido en un hotel. Fuera del género de ficción podemos destacar el documental *Zoo* (2007), que narra la historia real de Kenneth Pinyan, un hombre que murió de peri-

---

96   Véase «The Animal Sex Circus» en Rosenfeld 1967, p. 77.

97   Beetz 2009, p. 9. El sexo con animales fue prohibido nuevamente en Dinamarca en 2015.

tonitis en 2005 debido a una perforación en su colon después de ser penetrado analmente por un caballo.

Actualmente se puede encontrar numerosa información, vídeos pornográficos (en su mayoría procedentes de Brasil) y foros sobre zoofilia en Internet. Uno muy conocido fue *BeastForum*, que dejó de funcionar hace algún tiempo.

Un caso reciente que prueba el rechazo que despierta este tema en algunos sectores de la sociedad fue la muestra *El corazón manda*, del artista jiennense Santiago Ydáñez, celebrada en el Centro de Arte Contemporáneo de Málaga en 2017. Esta exposición se vio envuelta en una fuerte polémica, ya que algunos la consideraban apologética del bestialismo, al representar escenas explícitas de sexo entre personas y animales. Probablemente las ilustraciones eróticas con contenido zoófilo del ilustrador austríaco Franz von Bayros (1866-1924) o las que representaron a Isabel II fornicando con un asno no despertaron tanto alboroto en su época.

Isabel II de España fornicando con un burro. Serie de acuarelas «Los Borbones en pelota», atribuida a los hermanos Valeriano Domínguez Bécquer y Gustavo Adolfo Bécquer.

Wikipedia https://es.wikipedia.org/wiki/Zoofilia#/media/Archivo:Isabel_II_fornicando_con_un_asno.jpg

Finalmente podemos destacar otro ejemplo reciente; se trata de una obra de la artista austríaca Ines Doujak, expuesta en 2015 en el Museu d'Art Contemporani de Barcelona (Macba), que mostraba a un pastor alemán penetrando a una militante obrera latinoamericana, que a su vez sodomizaba al rey Juan Carlos I tendido a cuatro patas sobre un montón de cascos alemanes oxidados.

Haute couture 04 transport. Escultura de la artista austriaca Ines Doujak, expuesta en Barcelona.

Wikipedia https://commons.wikimedia.org/wiki/Category:Zoophilia_in_art#/media/File:HC04T_01.jpg

CONCLUSIÓN

Aunque en un primer momento puede parecer un asunto repugnante (es la impresión que he tenido cuando me han preguntado sobre el tema en el que estaba trabajando), después de concluir este trabajo he llegado a la conclusión de que la práctica de la zoofilia transciende lo meramente sexual. Durante la investigación, hemos encontrado ejemplos de sexo entre personas y animales en relación con la mitología y la religión, con ritos de fertilidad agrícola y animal, con rituales animistas o chamánicos, con la cura de enfermedades, etc.

Al iniciar la investigación, partía de una hipótesis muy reduccionista: si en la mitología de diferentes culturas hay una presencia evidente de prácticas zoófilas, es muy probable que su población la practicase. Esta hipótesis se ha visto confirmada, lo que no esperé encontrar es la infinidad de contextos en los que se ha practicado la zoofilia, como acabamos de mencionar, al margen de la mera satisfacción sexual.

Por su extensión y características, este libro tiene una intención claramente divulgativa e introductoria al tema y quizás anime a otros investigadores a que se interesen por la materia o por otros temas alternativos menos investigados.

BIBLIOGRAFÍA

AA.VV.: *Arte y sexualidad en los siglos del románico: imágenes y contextos*. Camus Impresores, S.L. Aguilar de Campoo, 2018.

AA.VV.: *II Congresso Internacional para Jovens Egiptólogos 2006 – Erotismo e Sexualidade no Antigo Egipto*, Museu da Farmácia, Lisboa, 23 e 26 de Outubro de 2006, en L. M. ARAÚJO; J. C. SALES (eds.), *Congresso Internacional para Jovens Egiptólogos. Lisboa 2006. Erotismo e Sexualidade no Antigo Egipto*, Lisboa, 2009.

ALEXANDRIDIS, Annetta (ed.): *Mensch und Tier in der Antike: Grenzziehung und Grenzüberschreitung*. Reichert. Wiesbaden, 2008.

ANATI, Emmanuel: «The Way of Life Recorded in the Rock Art of Valcamonica». *Adoranten*. Scandinavian Society for Prehistoric Art, 2008.

ANEST, Marie-Christine: *Zoophilie, homosexualité, rites de passage et initiation masculine dans la Grèce contemporaine*. Editions L´Harmattan. Paris, 1994.

BAHN, Paul G.: *The Cambridge illustrated history of prehistoric art*. Cambridge University Press, 1998.

BAUER, Max: *Das Geschlechtsleben in der deutschen Vergangenheit*. Verlag von Hermann Seemann Nachfolger. Berlin und Leipzig, 1920?

BEETZ, Andrea M.: *Bestiality and Zoophilia: A Discussion of Sexual Contact with Animals*. Purdue University Press. West Lafayette, Ind., 2005.

BEETZ, Andrea M. (ed.): *Bestiality and Zoophilia: Sexual Relations with Animals*. Berg. Oxford/New York, 2009.

DEKKERS, Midas: *Dearest Pet: On Bestiality*. Verso. London/New York, 2000.

DESCHNER, Karlheinz: *Historia sexual del cristianismo*. Editorial Yalde. Zaragoza, 1989.

DIERICHS, Angelika: *Erotik in der römischen Kunst*. Philipp von Zabern. Mainz, 1997.

ESLAVA GALÁN, Juan: *Historia secreta del sexo en España*. Temas de hoy, 1996.

FERRER VENTOSA, Roger: «Los orígenes chamánicos del arte», en Piñol Lloret, Marta (ed.): *Relaciones ocultas: Símbolos, alquimia y esoterismo en el arte*. Sans Soleil Ediciones. Barcelona, 2018.

FRATTINI, Eric: *Los Papas y el sexo*. Espasa Libros, S.L.U. Barcelona, 2015.

GOLLMANN, William: *The Homeopathic Guide in All Diseases of the Urinary and Sexual Organs*. Kessinger Publishing, 2010.

HERRERO MARCOS, Jesús: *La lujuria en la iconografía románica*. Cálamo. Palencia, 2016.

HOLOYDA, Brian: «Zoophilia and the Law: Legal Responses to a Rare Paraphilia.» *The Journal of the American Academy of Psychiatry and the Law*. Volume 42, Number 4, 2014, págs. 412 y ss.

JOHNS, Catherine: *Sex or Symbol? - Erotic Images of Greece and Rome*. Routledge, 1999.

JORDÁN MONTÉS, Juan Francisco: «Zoofilia, alianzas sexuales con diosas y occisiones de jefes: Escenas singulares en el arte rupestre postpaleolítico español». *Quaderns de prehistòria i arqueologia de Castelló,* ISSN 1137-0793, Nº. 24, 2004-2005, págs. 61-78.

LEROI-GOURHAN, André: *Las religiones de la prehistoria*. Laertes. Barcelona, 1994.

LOVE, Brenda: *Encyclopedia of Unusual Sex Practices*. Barricade. Fort Lee (NJ), 1992.

MANNICHE, Lise: *Sexual Life in Ancient Egypt*. Kegan Paul International. London, 2002.

MARINGER, Johannes: *Los dioses de la Prehistoria*. Ediciones Destino. Barcelona, 1962.

MASTERS, R.E.L.: *Forbidden Sexual Behavior and Morality: An Objective Re-examination of Perverse Sex Practices in Different Cultures*. Matrix House. New York, 1966 (a).

MASTERS, R.E.L.: *Sex-Driven People*. Sherbourne Press, Inc. Los Angeles, 1966 (b).

MILETSKY, Hani: *Understanding Bestiality and Zoophilia*. East-West Publishing, 2002.

PANOFSKY, Erwin / Saxl, Fritz: *Mitología clásica en al arte medieval*. Sans Soleil Ediciones, 2016.

ROBSON, James E.: «Bestiality and Bestial Rape in Greek Myth», en *Rape in Antiquity: Sexual Violence in Greek and Roman Worlds*, eds. Susan Deacy and Karen F. Pierce. Gerald Duckworth and Co. Londres, 1997.

ROSENFELD, J. Rupert: *The Animal Lovers: Case Histories of Sexual Contact Between Man and Animals*. Erika Press. New York, 1967.

SALISBURY, Joyce. E.: *The Beast Within: Animals in the Middle Ages*. Routledge, 2010.

SANTANA HENRÍQUEZ, Germán: «Modalidades amatorias (sexuales) en la obra de Hesíodo». *Philologica canariensia*, ISSN 1136-3169, N° 10-11, 2004-2005, págs. 469-490.

SIMONS, G.L.: *Sex and Superstition*. Abelard-Schuman. Londres, 1973.

TAYLOR, Timothy: *The Prehistory of Sex: Four Million Years of Human Sexual Culture*. Fourth Estate. Londres, 1996.

VILA-BELDA MARTÍ, Faustina: *Imagen y palabra: Los pecados más frecuentes en la iconografía de Castilla medieval. (Siglos XI a XV)*. UAM. Madrid, 2016.

VILLENEUVE, Roland: *Le Musée de la Bestialité*. Henri Veyrier. París, 1973.

Este libro ha sido realizado con la fuente de letra denominada Ibarra Real. Se trata de una bella tipografía histórica española que tiene su origen en la Imprenta Real de España, en tiempos de Carlos III (1759-1788), y que hoy, dos siglos y medio después, ha sido adaptada con el objeto de poder ser utilizada en nuevos soportes y con las actuales tecnologías.

De esta manera Última Línea desea apoyar y contribuir a difundir el extraordinario patrimonio cultural y tipográfico español.